DER MYTHOS DER WIKINGER

JOHN GRANT

DER MYTHOS DER WIKINGER

SAGEN, GÖTTER UND LEGENDEN

XENOS

CIP-Titelaufnahme der Deutschen Bibliothek

Grant, John:
Der Mythos der Wikinger: Sagen, Götter und Legenden / John Grant. Übers. aus dem Engl. von Michael Halévy. - Hamburg: Xenos, 1991
Einheitssacht.: Viking mythology <dt.>
ISBN 3-8212-0934-8

Deutsche Ausgabe:
ISBN 3-8212-0934-8

Am Hehsel 40, 2000 Hamburg 63
Übersetzt aus dem Englischen von Michael Halévy, Hamburg
Einbandgestaltung: Künne + Künne Werbeagentur, Hamburg
Satz: Atelier Schümann GmbH, Hamburg
Printed in CSFR

Die englische Originalausgabe erschien 1990
unter dem Titel »Viking Mythology« im Verlag
New Burlington Books, 6 Blundell Street, London N7 9BH

Inhalt

EINFÜHRUNG

Die Mythologie der Wikinger ist nordische Mythologie, und die nordische Mythologie ist nichts anderes als die Mythologie der Germanen. So ist es auch zu verstehen, daß die Hauptquellen der Götter- und Heldengeschichte der Edda und den altnordischen Lieder- und Sagensammlungen entstammen, die von weit her kommen, von Island, dem Außenposten der germanischen Welt.

Die Wikinger waren ein germanisches Volk, das in Skandinavien vom späten 8. Jahrhundert bis zur Mitte des 11. Jahrhunderts siedelte. Es zeichnete sich ebenso durch große Ritterlichkeit aus wie durch große Grausamkeit. So plünderten sie die Ostküste Englands, töteten Männer und Kinder, raubten und vergewaltigten ihre Frauen und Mütter. Auch die friedlichen Fischer töteten sie unbarmherzig und mit unvorstellbarer Grausamkeit, aber man darf niemals vergessen, daß sich alles in einer grausamen und dunklen Zeit abspielte. Und es war eine Zeit, wo die galwegischen Krieger an der Westküste Schottlands sich ein sportliches Vergnügen daraus machten, Säuglinge und kleine Kinder grausam zu pfählen. Der Unterschied zwischen den Wikingern und den Galwegern lag nur darin, daß die Wikinger ihren unmenschlichen Aktionen eine Philosophie gaben, ihren Kriegs- und Beutezügen ein Ziel und eine Methode, und ihre Herrschaft unter ein göttliches System stellten. Ihre Götter forderten sie auf, grausam bis in den Tod zu sein, und ein verwundeter Krieger sollte das Vorrecht haben, auch noch in der Niederlage und im Tod seinem Bezwinger seinen stolzen und unbesiegbaren Mut zu zeigen.

In ihrer Todesverachtung zeigten die Wikinger einen großen Sinn für Ehre und Anstand, und wenn der

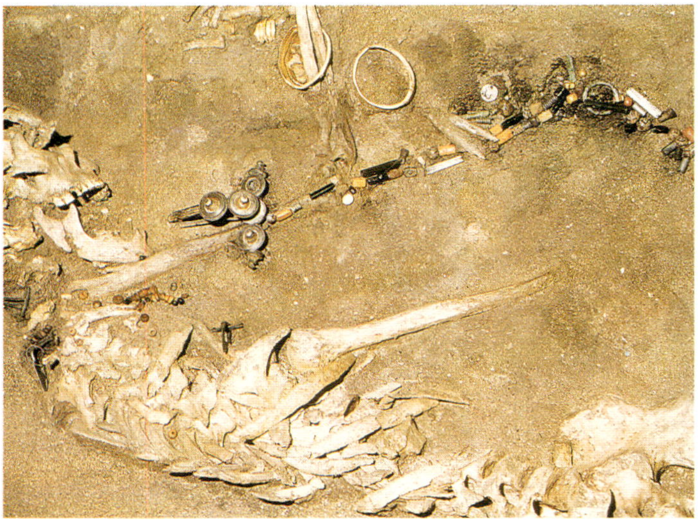

OBEN RECHTS
Dänisches eisenzeitliches Frauengrab. Die große Silberbrosche zeigt eine Runen-Inschrift. Die silberne Münze garantiert der Verstorbenen ein Leben nach dem Tode.

Krieger auch einen furchtbaren Tod fand, so würde er doch selbst in seinem Nachleben seinem Bezwinger niemals seine Rachegefühle zeigen.

So gesehen sind die Wikinger kein Volk, das unsere Sympathie verdiente, denn ihre Gesellschaftsordnung beruhte auf Zerstörung, Krieg, Vernichtung, Vergewaltigung, Raub und anderen Verbrechen, die uns heute das Blut in den Adern gefrieren lassen würden. Aber wahr ist auch, daß in der barbarischen Kultur der Wikinger diese Verbrechen ebenfalls verabscheut wurden. Diejenigen, die nicht in den Krieg zogen und friedlich zu Hause blieben, waren froh, daß die Krieger in der Ferne ihre Streitigkeiten ausfochten.

So war auch der kriegerischste Wikinger überzeugt, immer nach einem ethischen System zu handeln, auch wenn nur wenige ihrer Grundsätze vor den Zehn Geboten bestehen können. Wer Ehebruch beging und anderen Frauen nachstellte, wußte sich im Einklang mit der göttlichen Weltordnung, hatte doch Odin selbst geraten, sich bei Ehebruch nicht von der eifersüchtigen Ehefrau erwischen zu lassen.

Aber so groß auch unsere Zweifel über die Ethik der Wikinger sein mögen - daß sie über eine solche verfügten, kann heute als gesichert gelten. Die christlichen Völker, deren Religion die der Wikinger beeinflußte, fanden ebenfalls nichts dabei, Menschen lebendig zu verbrennen und ihnen auch sonst im Namen ihrer Religion jedes erdenkliche Unrecht anzutun.

Aber kehren wir zu den Wikingern zurück. Sie lebten in Ländern, die zu ihren Bewohnern nicht gerade gastfreundlich waren. Die Sommer waren kurz und die Winter lang. Und die Gletscher im hohen Norden bedeuteten eine ständige Bedrohung. So versuchten sie, die Welt zu verstehen, die sie umgab. Donner und Blitz mußte der mächtige Hammer Mjöllnir von Thor sein. Das Bersten der Gletscher hörte sich an wie das Schreien der gewaltigen Eisriesen. Der Regenbogen erschien ihnen als eine Brücke zwischen dem Land der Götter und dem Land der Sterblichen.

Es fällt heute schwer, den Einfluß der Wikinger auf unsere moderne Kultur zu bestimmen. Aber sicher ist, daß die Mythen der altnordischen Völker bis heute nicht aufgehört haben, unsere Phantasie zu beschäftigen und die Literatur zu bereichern. So ist zum Beispiel der Roman »Der Herr der Ringe« von J.R.R. Tolkien ein gutes Beispiel für den Versuch, die germanische Mythologie literarisch zu beleben. Ein anderes Beispiel ist der Roman »The Weirdstone of Brisingamen« von Alan Garner sowie Jack Yeovils großer Roman »The Ignorant Armies«, der sich auf die Mythen und Legenden über Walhall stützt. Meine eigenen Romane und Geschichten »The Legends of Lone Wolf« zum Beispiel, die ich zusammen mit Joe Dever geschrieben habe, beziehen sich alle auf die Mythen der Wikinger. Die Zahl der Romane, die einen altnordischen Hintergrund haben, ist unübersehbar groß.

In diesem Buch habe ich versucht, die wichtigsten Geschichten nachzuerzählen. Aber eine Chronologie dieser Mythologie aufzustellen ist nicht nur problematisch, sondern wohl auch unmöglich. Ich habe die Mythen und Legenden so genau und komprimiert erzählt wie möglich, und manchmal habe ich mich darauf beschränkt, nur die wichtigsten Ereignisse zu erzählen, um sie verständlich zu machen.

Die Mythologie der Wikinger ist nicht eine einzige, große und zusammenhängende Geschichte. Im Gegenteil, ihre Mythologie besteht aus zahllosen kleineren, in sich geschlossenen Mythen, und viele von ihnen sind literarisch anspruchsvolle Geschichten, die auch heute noch unser Interesse verdienen.

JG

OBEN RECHTS *Eine bronzene Schmuckplatte mit Pferd aus Dänemark (400 bis 800 n. Chr.)*

MITTE RECHTS *Eine norwegische Goldplatte aus dem 5. Jh. n. Chr.*

UNTEN RECHTS *Darstellung der Taufe des Wikingerkönigs Harald Blauzahn durch Bischof Poppo um 960 n. Chr.*

Kleines Lexikon von germanischen Göttern, Riesen, Zwergen und anderen Wesen

Die altnordische Mythologie ist sehr kompliziert, und die überlieferten Quellen sind leider nicht immer so klar, wie sie es für ein besseres Verständnis sein sollten. Deshalb habe ich die wichtigsten nordgermanischen Götter, Göttinnen, Riesen, Zwerge und andere Wesen in einem kleinen Lexikon zusammengefaßt. Ihre Klassifizierung war und ist nicht immer eindeutig, denn häufig erscheint eine Person in einem Mythos als Zwerg, in einem anderen aber als Riese.

LINKS *Schwedischer Helmschmuck aus dem 8. Jh. n. Chr. Der Eber auf dem Helm zeigt, daß diese Krieger Anhänger des Gottes Freyr waren, dessen Eber Hildvisin hieß.*

VON GÖTTERN UND GÖTTINNEN

LINKS *Schwedischer Grabstein aus Ed (11. Jh. n. Chr.). Die Runenschrift lautet: »Thorsten ließ dieses Denkmal errichten im Gedenken an Sven, seinen Vater ...« Dieser Thorsten ist natürlich nicht dem legendären Thorsten der nordischen Heldensagen identisch.*

ÄGIR, HLER Nordgermanischer Meerriese, Gatte der Meeresgöttin Ran > Kapitel 3

BALDER (altisländisch Baldur, neuisländisch Baldur) Schöner, tapferer und edler nordgermanischer Gott, der von seinem Bruder Hödyr ermordet wird > Kapitel 3

BOLWERK Einer der Namen des Gottes Odin für seine Abenteuer unter den Sterblichen.

BRAGI (altisländisch *bragr* »der Vornehmste«) Nordgermanischer Gott der Dichtkunst, Sohn des Odin und der Riesin Gunnlöd. Bragi vermählte sich mit der Göttin Idun. Odin schnitzte Runen in seine Zunge und beauftragte den Sänger, Lieder zu Ehren der Götter und der toten Helden in Walhall zu komponieren.

DELLINGR (altnordisch »der Glänzende« oder »der Berühmte«) Gemahl der Nott (Nacht), mit der er den Dag (Tag) zeugt.

EIRA Göttin der Medizin und eine der Dienerinnen der Frigga. In der nordischen Mythologie war die Göttin der Medizin immer weiblich, in der griechischen aber männlich (Äskulap), weil bei den Germanen immer die Frauen den Beruf des Arztes ausübten.

FJÖRGYN (altnordisch »Erde«) Berg- oder Waldgottheit, Mutter des Thor und eine der drei Frauen Odins.

FORSETI (altnordisch »Vorsitzender«) Gott der Gerechtigkeit, Sohn des Balders und der Nanna. Der Asengott wohnte in der silbergedeckten Götterwohnung Glitnir, deren Wände, Pfosten und Säulen aus Gold waren. Forseti hatte die Gabe der Überzeugungskunst, daß alle Frieden machten. Wenn sie es nicht taten, tötete er sie.

FREYR (altnordisch »Herr«) Bedeutendster Gott aus der Götterfamilie der Wanen und wichtigster Fruchtbarkeitsgott der germanischen Mythologie. Freyr ist der Sohn des Njördr und Bruder der Freyja. Er regiert über Regen und Sonnenschein und damit über das Wachstum der Erde. Er kam mit seinem Vater und seiner Schwester Freyja nach Asgard (»Heim der Asen«) wo es ihnen so gut gefiel, daß sie alle drei dort blieben.

FRIDLEEF Ein weiterer Name, unter dem der Gott Freyr seine Abenteuer bei den Sterblichen machte.

FRIGGA (andere Namen: Bertha, Frigg, Holda, Nerthus, Wode) In der altskandinavischen Mythologie die Hauptgöttin der Asen und Göttin der Fruchtbarkeit. Sie ist eine der drei Frauen Odins und die Mutter von Balder und Hoder. Nach der Ynglinga Saga haben Odins Brüder Vili und Vé während seiner Verbannung mit ihr geschlafen. In altgermanischer Zeit erscheint die Göttin Frigga außerhalb Skandinaviens im Zweiten Merseburger Zauberspruch als Göttin Frîja.

RECHTS *Darstellung von Hermods Ritt mit seinem Pferd Sleipnir zur Hel, um Balder zu retten (18. Hg.).*

FULLA Die altnordische Fruchtbarkeitsgöttin diente der Göttin Frigga als Dienerin.

GANGRADR (Gagnrádr) Altnordischer Name des Gottes Odin.

GEFJON (Gefjun) Skandinavische Göttin aus dem Geschlecht der Asen und eine der Dienerinnen der Göttin Frigga. Nach der Ynglinga Saga hielt sich Odin während seiner Einwanderung nach Skandinavien unterwegs in Odensø (Odense) auf Fünen auf und schickte Gefjon auf Landsuche nach Norden. Nachdem sie mit dem schwedischen König Gylfi geschlafen hatte, gibt dieser ihr Land zum Pflügen, und sie verwandelt ihre vier Söhne, die sie mit einem Riesen hatte, in Stiere. Diese spannt sie vor einen Pflug und pflügt so Seeland von Schweden los. Seeland lag früher dort, wo jetzt der Mälarsee in Schweden liegt. Später nahm Odins Sohn Skjöldr Gefjon zur Frau, und sie lebten zusammen in Lejre.

GERSIMI (Görsimi) (altnordisch »Kostbarkeit«) Eine der zwei Töchter der Göttin Freyja und des Gottes Od.

GNA (Liod) Altnordische Göttin und Botin der Göttin Frigga. Mit ihrem Pferd Hófvarpnir reitet sie durch die Luft und übers Wasser. Ihre wichtigste Mission war die Überbringung des Apfels der Fruchtbarkeit an den Sterblichen Rerir.

HEIMDALL (Heimdallr) Altnordischer Gott, der zu den Asen zählt und als Wächter der Götter gilt. Er sitzt am Ende des Himmels und bewacht die Brücke Bifrost vor den Bergriesen. Er braucht weniger Schlaf als ein Vogel und sieht bei Tag wie bei Nacht hundert Meilen weit. Er hört das Gras auf der Erde und die Wolle auf den Schafen wachsen und alles, was lauter ist. Er besitzt das Gjallarhorn, das man auf der ganzen Welt und besonders zu den Ragnarök hören kann. Er ist der Sohn von neun Riesenmädchen. Seine Zähne waren aus Gold. Seine Wohnung heißt Himinbjörg (»Himmelsberg«).

HEL Altnordische Göttin der Unterwelt. Die Unterwelt (altnordisch hel) ist der Wohnsitz und der Herrschaftsbereich der Göttin Hel, Tochter des Loki (und damit Schwester der Midgardschlange und des Fenriswolfs) und der Angrboda, die über Niflheim herrschen. Hel wird als schwarz, bleich, düster und grimmig beschrieben.

HERMODR (Irmin) Der altnordische Gott ist im Baldermythos der Name von Balders Bruder. Nach der Ermordung Balders reitet er neun Nächte als Götterbote zur Göttin Hel, um zu erfahren, ob sein Bruder aus der Unterwelt zurückkehren könnte. Diese Episode wird in der nordischen Mythologie als Hermóds Helritt bezeichnet.

HLER (altnordisch »Meer«) Ein anderer Name für den Meerriesen Ägir. Nach dem altnordischen Schöpfungsmythos einer der ersten Götter.

HLIN (altnordisch »Schützerin«) Die Göttin wurde von Frigg zum Schutz der Menschen eingesetzt. Sie war sehr schön, tröstete die Menschen, linderte den Schmerz und hörte die Gebete der Sterblichen.

HNOSS (altnordisch »Kostbarkeit«) Tochter von Odr und der Freyja, nach der alle Kostbarkeiten benannt sind.

HODER (Hod, Hodur, Hödr) Der Asengott (altnordisch für »Kämpfer«) ist ein Sohn Odins, verschuldet im Baldermythos auf Anstiftung des heimtückischen Loki den Tod des Balder. Er selbst wird schließlich von Balders Rächer Váli erschlagen.

HŒNIR (Honir) Einer der weniger bedeutenden Götter der eddischen Mythologie. Er gehört zur Göttertrias Odin und Lodurr: Odin gab den ersten Menschen das Leben, Lodurr die Sprache, das Gesicht und das Gehör, und Hœnir gab ihnen Verstand und

OBEN *Darstellung von zwei Schlangen auf einem Stein aus Öland (Schweden).*

Gefühl. Von Hœnir heißt es auch, daß er der schnellste Läufer und beste Jäger sei.

IDUN (Idunn) »Die Verjüngende« heißt in der altnordischen Mythologie die Göttin des Frühlings und der ewigen Jugend. Sie war die Tochter des Zwerges Ivald und die Gattin des Gottes Bragi. Als der Riese Thiassi die Göttin entführte, begannen die Asen zu altern, weil ihnen die Goldenen Äpfel fehlten. Die Götter beauftragten darum Loki, die Entführte wieder heimzuholen. Mit ihr kehrte auch die Jugend zu den Göttern zurück.

KARI Der Riese (altnordisch »Wind, Bö«) ist in der norwegischen Urgeschichte einer der Söhne des Ahnherren Fornjótr. In einem anderen Mythos ist Kari der Sohn des Riesen Ymir und Bruder von Hler (See) und Loki (Feuer).

KVASIR In der nordischen Mythologie ein Wesen göttlicher Weisheit. Der Gott soll aus dem Speichel der Asen und Wanen entstanden sein, als diese einen Krieg beendeten. Zwei Zwerge, Fjallarr und Galarr, ermordeten Kvasir und fingen sein Blut in den drei Gefäßen Bodn, Són und Odrœrir auf. Sie mischten dann das Blut mit Honig und bereiteten daraus den Met, der jeden, der davon trinkt, zum Dichter macht.

LODURR Altnordischer Göttername im Schöpfungsmythos, der als Gefährte Odins und Hœnirs auftritt. Vielleicht auch ein Gott der Fruchtbarkeit, der Fortpflanzung und des Schutzes der menschlichen Gemeinschaft.

LOFN Die »Tröstliche« heißt eine altnordische Göttin und Dienerin der Frigga. Als milde und gütige Göttin war es ihre Aufgabe, die Liebe der Menschen zu überwachen.

MAGNI (altnordisch »der Starke«) ist der Sohn des Gottes Thor und der Riesin Járnsaxa und Bruder des Módi. Die Brüder überleben den Weltuntergang und sind Erben von Thors Hammer Mjöllnir.

MIMIR (Mimr) ist ein riesenhafter Dämon einer Quelle, deren Wasser höchste Weisheit verleiht, und eine weise Person in der nordischen Mythologie. Mimirs Brunnen (altnordisch »Mimis brunnr«) ist der Brunnen der Weisheit, wo Odin sich Rat holt. Der Brunnen liegt unter der Wurzel der Weltesche Yggdrasill, die sich zu den Hrimthursar erstreckt, »dem der Brunnen gehört und Mimir heißt; er ist voller Weisheit, denn er trinkt mit dem Horn Gjallarhorn aus dem Brunnen«.

Mimirs Haupt (altnordisch »Mimis höfud«) wird als weiser Ratgeber in den Eddaliedern zweimal erwähnt, Mimir war ein weiser Mann, und die Asen stellten ihn als eine der Geiseln nach dem Wanenkrieg, um Hœnir als Ratgeber zu dienen. Als die Wanen erkennen, daß Hœnir ohne Mimir hilflos ist, enthaupten sie diesen und schicken den Kopf an die Asen, wo ihn Odin mit Hilfe von Kräutern und Zaubersprüchen vor dem Verwesen bewahrt, so daß er auch weiterhin Geheimnisse »aus der anderen Welt« von ihm bezieht.

MODI (altnordisch »der Zornige«) heißt einer der Söhne von Thor und der Riesin Yarnsaxa. Mit Magni ist er Erbe des Thorhammers.

NANNA Nach der isländischen Tradition des Baldermythos die Frau von Balder, nach anderer Überlieferung die von Balders Gegenspieler und Mörder Hoder.

NERTHUS Die Erdmutter Nerthus ist bei Tacitus die germanische Göttin Nerpuz, die in einem mit einem Tuch bedeckten, von Kühen gezogenen Wagen fährt.

NJÖRDR Der skandinavische Gott aus der Götterfamilie der Wanen ist der Vater des Geschwisterpaares Freyr und Freyja. Er wohnt in Nóatun und heiratet die Riesentochter Skadi, die sich unter den Asen einen Mann aussuchen durfte.

NORNEN (altnordisch nornar) sind Schicksalsfrauen in der nordischen Mythologie: Skuld (»Werdende«), Urd (»Gewordene«) und Verdandi (»Seien-

LINKS *Darstellung eines Reiters mit einem Vogel auf seiner Schulter aus dem englischen Sockburn (10. Jh. n. Chr.). Der Reiter ist vielleicht Odin mit seinen Raben; die untere Figur stellt vielleicht eine Walküre dar.*

de«). Als eine Trias von Schicksalsfrauen sind die Nornen mit der Moirai der griechischen und den Parcae der römischen Mythologie verwandt.

Der von den Nornen gesponnene Schicksalsfaden wird nur selten erwähnt. Ihrem Wesen nach sind die Nornen mit den Walküren verwandt.

NOTT (Nött) In der altnordischen Mythologie personifiziert die Nótt die Nacht, als deren Vater der Riese Nörr bekannt ist. Sie hatte drei Liebhaber: Naglfari, dem sie Aud gebar, Annar, dem sie eine Tochter Erda gebar und Dellingr, mit dem sie einen Sohn Dag hatte.

RECHTS *Detail eines Schmuckkästchens aus Dänemark (jetzt im Dänischen Nationalmuseum Kopenhagen).*

ÖDR Der altnordische Gott der eddischen Mythologie ist Mann der Freyja und der Vater des Hnoss.

ODIN (altnordisch Odinn) ist der Hauptgott der eddischen Mythologie: Er ist Göttervater, Dichtergott, Totengott, Kriegsgott, Gott der Magie, der Runen und der Ekstase. Er ist der Sohn des Burr und der Riesin Bestla und Bruder der Götter Vili und Vé. Und er ist Vater der Götter Thor, Balder, Hoder, Hermod und Váli. Er war verheiratet mit Fjorgyn, Frigga und Rind.
Seine Attribute sind der Speer Gungnir, der wie seine Einäugigkeit, sein Hut und Mantel zur stereotypen Darstellung Odins zählt, sowie sein Ring Draupnir, von dem jede neunte Nacht wieder acht ebenso schwere Ringe abtropfen.

RAN heißt in der eddischen Mythologie die Frau des Meergottes und Meerriesen Ägir. Sie ist damit die Mutter der Ägirstöchter der Wellen.

RIESENMÜTTER Neun riesische Mütter soll Heimdall gehabt haben: Alta, Augeiua, Aurgiafa, Egia, Gjalp, Greip, Jarnsaxa, Sindur und Ulfrun.

RIGR heißt der altnordische Gott, der nach der Überlieferung die Ahnen der drei Stände Sklaven, Bauern und Adel zeugt. Bei seinen Abenteuern unter den Menschen nahm er den Namen Heimdall an.

RINDR (Rinda) heißt die Mutter des Odinsohnes Váli, der den Tod des Balder rächt. Odin wird von einem finnischen Wahrsager prophezeit, daß nur Rindr, die Tochter des ruthenischen Königs Billing, ihm einen Sohn gebären würde. Odin nähert sich der spröden Königstochter in vier verschiedenen Verkleidungen: als General, Goldschmied, Kriegsheld und als heilkundiges Weib Vecha. Als Odin die Rindr vergewaltigt, wird er zum zweiten Mal verbannt. Ihr gemeinsamer Sohn Bou wird später den Mörder Balders erschlagen.

SAGA Altnordische Göttin und Dienerin des Odin, mit dem sie täglich in Sökkvabekkr trinkt.

SATAERE Germanischer Gott der Landwirtschaft, vielleicht eine der vielen Gestalten des Gottes Loki.

SIF aus dem Geschlecht der Asinnen ist die Frau Thors und die Mutter des Gottes Ullr, den sie mit in diese Ehe bringt. Der Vater war Odin.

SIGYN heißt Lokis Frau. Sie ist die Mutter der Sterblichen Narve und Vali. In der Geschichte um Lokis Bestrafung fängt sie das Gift, das von einer Schlange auf den gefesselten Loki tropft, mit einer Schüssel auf.

SKULD heißt eine der drei Nornen.

SNOTRA (altnordisch »die Kluge«) ist eine Dienerin der Frigga und die allwissende Gottheit der Tugend.

SUMARR (altnordisch »Sommer«) heißt der personifizierte Sommer, Sohn des Svásudr.

SVASUDR (altnordisch »der Liebenswerte«) heißt der Vater des Sommers.

SYN (altnordisch »Verweigerung«) ist die Göttin, die als Bewacherin der Türen gilt. Sie zählt zu den weiblichen Schutzgottheiten.

THOR Der germanische Donnergott ist der stärkste unter den Asengöttern und tat sich als Bekämpfer der Riesen hervor. Der Sohn des Odin und der Fjörgyn wohnt in Thrúdheimr oder Thrúdvangr, seine Halle heißt Biulskirn. Er ist der Besitzer eines Wagens, der von zwei Böcken (Tanngrísnir und Tanngnjóstr) gezogen wird.
Er besitzt einen Kraftgürtel und einen Eisenhandschuh und den Stab Gridarvölr, den ihm die Riesin Grídr gibt.

TYR Der altskandinavische Name für den germanischen Himmels-, Kriegs- und Versammlungsgott Tiwaz. Er ist ein Sohn des Riesen Hymir oder des Odin.
Sein Speer war sowohl Waffe als auch Zeichen richterlicher Gewalt. Seinen rechten Arm verlor Tyr bei der Fesselung des Wolfes Fenris.

ULLR (Holler, Oller, Uller, Vulder) heißt der germanische Gott des Winters, der Jagd, des Bogenschießens, des Skilaufens und des Todes. Im Mythos ist Ullr ein Sohn des Suif und Stiefsohn des Thor.

URD (altnordisch Urdr »Schicksal«) Eine der drei Nornen.

VAK Eines der Pseudonyme von Odin für seine Abenteuer unter den Sterblichen.

VALI In der eddischen Mythologie der Rächer des Balder, Sohn des Odins und der Rindr.

VALTAM Eines der Pseudonyme des Odin bei seinen Abenteuern unter den Sterblichen.

VARA Eine der Dienerinnen der Göttin Frigga.

VASUD Der Vater von Vindsval und Großvater des Winter. In der eddischen Mythologie wird er als unfreundlicher Gott geschildert.

VE (altnordisch »Heiligtum«) Einer der drei Söhne des Burr und Enkel des Riesen Hmir. Seine Brüder waren Odin und Vili. Die drei töteten ihren Großvater und machten aus seinem Körper Midgard, die Welt der Sterblichen.

VECHA Eines der Pseudonyme des Odin für seine Abenteuer unter den Sterblichen. (→ Rindr)

VELEDA Eine germanische Seherin aus dem Stamm der Brukterer.

VERDANDI heißt eine der drei Nornen.

VIDARR (altnordisch »der weithin Herrschende«) ist einer der Asen und tritt vor allem als Rächer Odins am Wolf Fenris hervor. In anderen Mythen Sohn des Odin und der Riesin Grid. Suorri nennt Vidarr den

UNTEN *»Dem gefesselten Loki wird von seiner treuen Frau Sigyn geholfen« (Buchillustration aus dem 19. Jh.).*

OBEN *»Tyr, der tapferste der Götter« (Buchillustration aus dem 19. Jh.).*

RECHTS *Ullr, der Gott des Winters, der Jagd, des Bogenschießens, des Todes und des Skifahrens (Buchillustration aus dem 19. Jh.).*

»schweigsamen Gott mit dem starken Schuh«.

VILI siehe Ve

VJOFN Eine der Dienerinnen der Göttin Frigga.

VÖR (Vár) Eine der Dienerinnen der Göttin Frigga und Göttin der Verträge. Suori schreibt, daß sie für die Beziehungen zwischen Männern und Frauen zuständig ist.

WINTER heißt der schändliche Feind des Sommers; Sohn des Vindsval und Enkel des Vasud.

WODEN (altenglisch) war der angelsächsische Name des skandinavischen Gottes Odin und des fränkischen Gottes Wotan. In England tritt Woden als heilender Zauberer auf, wovon zahllose Ortsnamen sprechen.

WYRD (altenglisch »Schicksal«, altnordisch »urdr«) heißt die Mutter der Nornen, die das Schicksal des Menschen bestimmen und häufig auch als Geburtshelfer in Erscheinung treten.

Ursprünglich gab es eine Vielzahl von Nornen, bis sich später die Dreizahl durchsetzte. In der Völuspa heißen sie Urdr, Verdandi und Skuld. Sie werden auch mit den drei Zeitstufen wie Gewordene, Seiende und Werdende gleichgesetzt. Snorri erzählt: »Unter der Esche bei der Quelle steht eine schöne Halle; aus diesem Saal kommen drei Mädchen, die so heißen: Urdr, Verdandi und Skuld; diese Mädchen bestimmen das Leben der Menschen; wir nennen sie Nornen; aber es gibt mehr Nornen, die zu jedem Kind kommen, das geboren wird, um sein Leben zu bestimmen, und die sind von göttlicher Abstammung, andere aber aus dem Geschlecht der Alben und die dritten aus dem Geschlecht der Zwerge. Die guten Nornen aus gutem Geschlecht bestimmen gute Leben, aber die Menschen, denen Unglück zustößt, verdanken das den bösen Nornen.
In der Varlaams saga og Josaphats werden neun Nornen als die Töchter des Thor bezeichnet.

YGGR (altnordisch »der Schreckliche«) ist einer der Namen des skandinavischen Gottes Odin. Dieser Name wird oft mit Yggdrasill (eigentlich »Yggs Pferd«) in Verbindung gebracht, aber hier bedeutet er nicht sein Pferd Sleipnir, sondern den Weltenbaum, an dem Odin in seinem Selbstopfer hängt.

YNGVI ist ein Beiname des Gottes Freyr, der in vielen Quellen auch Yngri-Freyr genannt wird.

RIESEN UND RIESINNEN

OBEN *Die Prinzessin Gunnlöd wird von Odin verführt, um an das Met zu gelangen (Buchillustration aus dem 19. Jh.).*

ANGRBODA (altnordisch »die Kummer Bereitende«) heißt die Mutter von Lokis Kindern Hel, Jörmungand und Fenris.

BAUGI (altnordisch »der Krumme«) heißt der Bruder des Riesen Suttungr, bei dem Odin einen Sommer lang als Knecht arbeitet, um dafür einen Schluck des kostbaren Skaldenmets zu bekommen.

BELI (altnordisch »Brüller«) wurde durch seinen Kampf mit Freyr bekannt. Der waffenlose Freyr besiegt den Riesen mit einem Hirschgeweih. Beli war ein Bruder von Gerdr und Nachkomme von Kari.

BERGELMIR (altnordisch »der Berg-Brüller«) ist ein Enkel des Urriesen Ymir und der Sohn von Thrúdgelmir. Beim Tod Ymirs ertranken alle Reifriesen in seinem Blut, nur Bergelmir und seine Frau konnten sich daraus retten. Mit Laufeia zeugte Bergelmir Loki.

BESTLA ist die Tochter des Riesen Bölthorn, und sie gebiert Orr, dem Sohn des Ahnherrn Búri, drei Söhne: die Götter Odin, Vili und Vé.

BÖLTHORN (altnordisch »Unglücks-Dorn«) heißt der Vater der Riesin Bestla.

FENJA heißt eine Riesin, die mit der eddischen Magd Menia das Unglück hatte, für den dänischen König Frodi als Sklavin arbeiten zu müssen.

GEIRROD (altnordisch »Speer-Schutz«) heißt ein Riese, der in der mythologischen Erzählung von Thors Fahrt nach Geirrodargard Thors Gegner ist und ihn fast besiegt. Er wirft Thor ein glühendes Eisenstück zu, das dieser jedoch mit seinem Eisenhandschuh auffängt und es mit solcher Kraft nach Geirrod schleudert, daß es die Säule, den Riesen und die Wand durchschlägt.

GERDR heißt die Tochter des Riesen Gymir und Frau des Gottes Freyr.

GJALP (Gjölp) (altnordisch »die Schreierin«) heißt eine von Geirrods Töchtern.

GILLINGR (altnordisch »der Lärmer, Schreier«) heißt der Vater des Suttungr. Gillingr wird von den beiden Zwergen Fjalarr und Galarr, die auch Kvasir ermordet hatten, umgebracht, in dem sie mit dem Riesen rudern gehen und das Boot an einem Felsen kentern lassen, so daß der Riese ertrinkt. Dann erschlagen sie Gillingrs Frau mit einem Stein.
Suttungr setzt daraufhin die Zwerge auf einer von der Flut überspülen Schäre aus, bis sie um ihr Leben bitten und ihm den kostbaren Met als Buße anbieten.

GREIP (altnordisch »Griff«) ist eine Riesin und eine der neun Mütter des Heimdall. In einem anderen Mythos heißt so eine von Geirrods Töchtern, welche Thor erschlägt.

GRENDEL heißt ein im Wasser lebendes Ungeheuer aus dem Geschlecht des Urriesen Ymir. Im altenglischen Heldenepos Beowulf (8. Jh.) raubt Grendel allnächtlich Männer aus der Halle des Königs Hrodgars, bis Beowulf den Kampf mit ihm aufnimmt und ihn enthauptet.

GRIDR (altnordisch »Gier, Heftigkeit«) heißt eine Riesin, die einmal den Gott Thor auf seiner Fahrt nach Geirrodargard aufgenommen hatte. Sie erzählte Thor vom Riesen Geirrod und lieh ihm für den bevorstehendem Kampf den Kraftgürtel, die Eisenhandschuhe und den Stab Gridarvölr.

GUNNLÖD (altnordisch »Einladung zum Kampf«) ist der Name einer Riesin und Tochter des Suttungr, die im Mythos vom Raub des Skaldenmets diesen kostbaren Trank bewacht.

GYMIR altnordisch (»Meer«) heißt der Vater der Gerdr. Er ist vielleicht auch mit dem Meerriesen Ägir gleichzusetzen.

HRÆSVELGR (altnordisch »Leichenfresser«) heißt ein riesiger Adler, der am Ende der Welt wohnt und durch seinen Flügelschlag den Wind entstehen läßt.

UNTEN *Darstellung auf einem Kreuz aus dem 10. Jh. aus Cumbria (England): Der Riese Hymir (rechts) auf Fischfang mit dem Gott Thor (links), der gerade die Midgardschlange (Jörmungandr) an der Angel hat. Als Köder verwendet Thor den Kopf eines Ochsen (unten).*

HRUNGNIR (altnordisch »Lärmer«) heißt ein Riese, der Odin zu einem Pferderennen herausfordert und schließlich von Thor im Zweikampf besiegt wird.

HRYMR heißt der altnordische Riese, der das Schiff Naglfar steuert im Kampf der Eisgiganten gegen die Aesir.

HYMIR heißt ein Riese, der als Vater des Gottes Tyr bezeichnet wird und bei dem Thor für die Asen einen Kessel zum Bierbrauen holen will. Er gilt in allen Abenteuern des Thor als ein feindlicher Riese und wird schließlich von diesem erschlagen. Im Hymiskvida (altnordisch »Das Lied von Hymir«) wird von einem geplanten Gastmahl der Götter erzählt, zu dem der Riese Ägir das Bier brauen soll. Weil dieser aber keinen ausreichend großen Kessel besitzt, lehnt Ägir den Auftrag ab.

Die Götter Thor und Tyr machen sich auf den Weg zum Riesen Hymir, um von ihm den Kessel zu bekommen. Bei Hymir treffen sie zuerst auf seine 900köpfige Mutter. Seine Frau versteckt die beiden unter den Kesseln des Riesen und bereitet ihren Mann auf die Anwesenheit von Gästen vor. Hymirs Blick aber zertrümmert die Säule, die sie verbirgt, und die neun Kessel fallen zu Boden und zerbrechen alle, außer einem einzigen. Beim Abendessen verspeist Thor allein zwei der drei Stiere, die Hymir mitgebracht hatte.

Daraufhin schickt er Thor aus, einen Köder für den Fischfang am darauffolgenden Tag zu suchen. Thor reißt dem größten von Hymirs Stieren den Kopf ab und nimmt ihn zu den Fischen mit. Während Hymir zwei riesige Wale fängt, ködert Thor mit dem Stierkopf die Midgardschlange. In Panik kappt Hymir die Angelschnur, und das Meerungeheuer verschwindet im Meer.

Auf dem Heimweg trägt Thor die beiden Wale ganz allein. Hymir besitzt einen Becher, der nicht zerbricht und fordert Thor auf, diesen zu zerbrechen. Als dieser den Becher gegen den

Schädel des Riesen schleudert, zerbricht der Becher. Den letzten Kessel trägt Thor ganz allein fort. Als Hymir daraufhin Thor und Tyr verfolgt, werden er und seine Riesen alle mit dem Hammer Mjöllnir erschlagen.

HYNDLA (altnordisch »Hündchen«) heißt eine Riesin im Hyndluljód (»Lied der Hyndla«). Der Mythos erzählt, daß Freyja die Hyndla aufsucht, um mit ihr nach Walhall zu reiten, damit Hyndla dem Gott Ottar Auskunft über seine Ahnen gebe.
Diese zählt nun seine Ahnenreihe auf; als anschließend Freyja sie auffordert, Ottar den Gedächtnistrunk zu reichen, beschimpft Hyndla die Göttin. Daraufhin bringt Freyja unter Androhung eines Feuerzaubers die Riesin dazu, Ottar den Trunk zu reichen.

HYRROKIN (altnordisch »die vom Feuer Geschrumpfte«) heißt eine Riesin, die im Mythos von Balders Begräbnis erzählt, daß sie von den Göttern gerufen wurde, als es nicht gelang, Balders Grabschiff Ringhorn zu Wasser zu lassen.

JARNSAXA (altnordisch »die mit dem Eisenmesser«) heißt die Riesin, die mit dem Gott Thor den Magni zeugte.

MENJA (altnordisch »Sklavin, Halsbandträgerin«) heißt eine der beiden Riesen-Sklavinnen, die im eddischen Grt den Mühlstein der mythischen Mühle Grotti bewegen.

MUNDILFARI (altnordisch »der sich nach bestimmten Zeiten bewegt«) heißt der Vater des Mondes (Máni) und der Sonne (Sóö). Nacht.

RIESENMÜTTER: Neun riesische Mütter soll Heimdall gehabt haben: Atla, Augeia, Aurgiafa, Egia, Gjalp, Greip, Iarnsaxa; Sindur und Ulfrun.

SKADI heißt die Tochter des Riesen Thjazi, die Frau des Gottes Njördr und Mutter Freyrs, eine Göttin der Jagd und des Skilaufs. In den Eddaliedern wohnt sie in Thrymheimr und zählt als Frau Njörds zu den Asen.

SKRYMIR (altnordisch »Prahler, Angeber«) heißt der Riese und Gegner Thors auf dessen Fahrt zu Utgardaloki.

SURTR (Surti) (altnordisch »der Schwarze) heißt der Feuerriese in der nordischen Mythologie. In den Eddaliedern ist Surtr vor allem Feind der Götter zu den Ragnarök, er und Freyr - dem sein Schwert fehlt - töten sich im Kampf.

SUTTUNGR heißt der Riese, der den Skaldenmet besaß, bevor ihn Odin für die Menschen und Götter raubte. Einmal hat Suttungr den Met von den Zwergen Galarr und Fjallarr als Buße für die Erschlagung seines Vaters Gillingr erzwungen.
Ein anderes Mal wird berichtet, daß Odin auszieht, erst den Tod von neun Heuarbeitern des Riesen Baugi herbeiführt und sich dann unter dem Namen Bolwerk beim nichtsahnenden Baugi versteckt. Als am Ende des Sommers Baugi den Riesen Suttungr nicht dazu bringen kann, Odin einen Schluck vom Skaldenmet machen zu lassen, bohrt Baugi für Odin mit dem Bohrer Rati ein Loch durch den Berg, und Odin dringt in Schlangengestalt zur Suttungrs Tochter Gunnlöd in Suttungrs Wohnort Hnitbkörg vor.
Nachdem er drei Nächte bei ihr geschlafen hat, erlaubte sie ihm drei Schlucke des Skaldenmets, und er leert damit die drei Kessel Bodn, Són und Odrœrir. Dann verwandelt er sich in einen Adler und fliegt nach Asgard, verfolgt von Suttungr, ebenfalls in Adlergestalt, der ihn aber nicht einholen kann.

THJAZI heißt ein Riese, der in den Mythen um Loki eine große Rolle spielt. Der Riese raubt die Göttin Idun und ihre goldenen Äpfel.

THÖKK (altnordisch »Dank, Freude«) heißt eine Riesin, das einzige Lebewesen auf der Welt, das nicht um den toten Balder weint, und verhindert, daß er aus der Unterwelt zurückkehren darf.

THRUDR (altnordisch »Kraft, Frau«) ist der Name einer der dreizehn Walküren, die den Einherjern Bier kreden-

OBEN *Wundervoll gearbeiteter Tierkopf vom Bug eines Wikinger-Langschiffes, das kürzlich im Fluß Scheldt in Belgien gefunden wurde.*

zen. Sie ist auch eine der Töchter des Thor und der Sif.

THRUDGELMIR (altnordisch »Der Kraft-Schreiende«) heißt ein Riese, welcher der sechsköpfige Sohn des Riesen Aurgelmir ist, den dieser durch die Paarung seiner Füße miteinander zeugt. Thrúdgelmirs Sohn heißt Bergelmir und ist der Stammvater der Reifriesen.

THRYMR (altnordisch »Lärm«) heißt ein Riese, nach dem das Eddalied Thrymskvida benannt ist, welches vom Diebstahl von Thors Hammer Mjöllnir durch Thrymr und seiner Wiedereroberung erzählt.

TORGE > Senjemand

TROLL (altnordisch »Unhold, Riese«) bezeichnet meist einen unfreundlichen Riesen.

ULFRIN (altnordisch »Wolfs-Rune«) ist eine der neun riesigen Mütter der Heimdall.

UNNSERDR (altnordisch »Wellen-Gerdr«) heißt eine der bekannten Riesinnen der nordischen Mythologie.

UTGARDALOKI heißt ein Riese, der in der nordischen Mythologie auch unter dem Namen Skrymir bekannt ist. Die Mythen berichten von einer Reise Thors zu Utgardaloki, wo sich Thor und seine Begleiter Loki und Thjálfi mit den Riesen in Wettkämpfen messen, die sich am Ende aber alle als Sinnestäuschungen herausstellen. Der Name Utgardaloki (»Loki des Utgardr«) verweist auf die Dämonisierung von Loki.

VAFTHRUDNIR (altnordisch »der kräftig Verwickelnde«) heißt ein weiser, nur in der Literatur bekannter Riese, der im Eddalied Vafthrúdnismál von Odin zu einem Wissenswettkampf herausgefordert wird und dabei unterliegt. Das altnordische »Lied von Vafthrúdnir umfaßt 55 Strophen und ist wahrscheinlich im 10. Jahrhundert entstanden.

VAGNHÖFDI (altnordisch »Walkopf«) heißt ein nur in der Literatur bekannter Riese.

OBEN *Detail eines Totenschiffs der Wikinger (Oseberg, Dänemark).*

VARDRUN (altnordisch »Wach-Rune«) ist der Name einer Riesin.

WADE heißt der Vater des Völund in den angelsächsischen und dänischen Mythen.

YMIR heißt der Urriese der nordischen Schöpfungsmythen. Die Geburt seiner Nachkommen ging folgendermaßen vonstatten: Als Ymir schlief, schwitzte er gewaltig, und es wuchs unter seiner linken Achselhöhle ein Mann und eine Frau, und einer seiner Füße zeugte mit dem anderen einen Sohn.
Von diesen Kindern Ymirs stammen die Riesen ab. Nach der Geburt der ersten Götter Odin, Vili und Vé erschlagen diese den Riesen, und in dessen Blut ertrinken alle Riesen außer Bergelmir, der auf einem lúdr (Floß?) entkommt. Die ersten Götter bringen den toten Riesen in die Mitte von Sinnungagap und erschaffen aus seinem Körper die Welt, das Meer, die Berge und den Himmel.

ZWERGE

ALFRIGG (Alfregg) heißt der Zwerg, der als einer der vier Schmiede von Freyjas Halsband genannt wird.

ALVISS (altnordisch »allwissend«) ist der Name eines Zwerges, der nach den Alvíssmaál um Thors Tochter Thrúd anhält und, von diesem überlistet, im Sonnenlicht versteinert.

ANDVARI (altnordisch »der Vorsichtige«) heißt ein Zwerg, der von Loki gefangen wird und sich erst durch die Zahlung seines Goldes freikaufen kann, wofür er aber den Goldring, den er abgeben muß, mit einem Fluch belädt. Das Gold, der Ring und der Fluch werden zum auslösenden Motiv der Nibelungensage.

AUSTRI (altnordisch zu austri »Osten«) heißt ein Zwerg, der den aus Ymirs Schädel gebildeten Himmel im Osten stützt.

BERLINGR (altnordisch »kurzer Balken«) heißt ein Zwerg, der als einer der vier Schmiede des Halsbandes für Freyja bekannt ist.

BROKKR (altnordisch »der mit metallenen Bruchstücken«) heißt der Bruder und Gehilfe des Zwergs Sindri, welcher die Götterkleinodien Gullinborsti, Draupnir und Mjöllnir verfertigte.

DAINN (altnordisch »gestorben«) heißt ein Zwerg, der gemeinsam mit dem Zwerg Nabbi als Hersteller des Ebers Hildisvini bezeichnet wird.

DVALINN (altnordisch »der Langsame«) heißt einer der vier Schmiede, die das Halsband Brisingamen für Freyja fertigten.

FAFNIR (altnordisch »der Umarmer«) heißt in der nordischen Heldensage der Drache, den Sigurd tötet. In einem anderen Mythos ist er der Sohn des Hreidmar und der Bruder von Otter und Regin. Als Loki Otter tötete, beschlossen die Zwerge Odin, Hœnir und Loki zu töten. Odin aber erzählte den Zwergen, daß Loki nicht gewußt hatte, daß Otter kein Tier gewesen sein soll und bat sie, ihnen das Leben zu schenken.

FJALARR heißt ein Zwerg und Bruder des Zwerges Galarr. Die beiden haben den weisen Knaben Kvasir ermordet und aus seinem Blut den Skaldenmet gebraut.

GALARR (altmodisch »der Schreier«) heißt der Zwerg und Bruder des Zwerges Fjalarr, der Kvasir, Gilling und dessen Frau tötete.

Der Drache Fafnir wird von Sigurd erschlagen.
UNTEN: *Schnitzwerk von der Hylestadt-Kirche in Setesdal (Norwegen).*
GEGENÜBERLIEGENDE SEITE: *Wikingerschnitzwerk aus Jurby, Isle of Man (10. Jh.).*

OBEN *Stele aus Lillbjärs (Schweden): frühe Darstellung eines Wikinger-Langschiffs.*

GRERR heißt ein Zwerg, der als einer der vier Schmiede das Halsband Brisingamen für Freyja fertigte.

HREIDMAR heißt der Zwerg, Vater des Fafnir.

IVALDI heißt der Vater von Zwergen, welches das Schiff Skídbladnir bauten. In anderen Mythen werden sie auch als Verfertiger von Sifs goldenem Haar und von Odins Speer Gungnir bezeichnet.

LITR (altnordisch »der Farbige«) heißt ein Zwerg, der in einem Bericht von Balders Bestattung erwähnt wird. Einmal gerät Litr vor die Füße Thors, als dieser gerade mit Mjöllnir Balders Scheiterhaufen weihen will.
Thor tritt ihn daraufhin in den Scheiterhaufen, wo er zusammen mit Balder verbrennt.

NABBI (altnordisch »Beule«) heißt ein Zwerg, der gemeinsam mit Daínn den Eber Hildisvini verfertigt hat.

NORDRI (altnordisch zu nordr »Norden«) heißt ein Zwerg, der das aus Ymirs Schädels gebildete Himmelsgewölbe im Norden stützt.

OTTER heißt der Zwerg, der die Gestalt eines Otters annahm und von Loki getötet wurde.

REGINN (altnordisch »der Mächtige«) heißt der Zwerg und Bruder Fafnirs.

SINDRI (altnordisch »der Funkensprüher«) heißt ein Zwerg, der den Eber Gullinborsti, den Ring Draupnir und den Hammer Mjöllnir geschmiedet hat.

SUDRI (altnordisch zu sudr »Süden«) heißt ein Zwerg, der das aus Ymirs Schädel gebildete Himmelsgewölbe im Süden stützt.

VESTRI (altnordisch zu vestr »Westen«) heißt ein Zwerg, der das aus Ymirs Schädel gebildete Himmelsgewölbe im Westen stützt.

WALKÜREN

ALVIT, eine der drei Schwestern, die von Egil, Slagfinn und Völund geraubt wurden. Die zwei anderen Schwestern waren Olrun und Svanhvit.

BRÜNHILDE (altnordisch Brynhildr) Die Heldin der Nibelungensage wird in den nordischen Quellen als Walküre bezeichnet. Bei Richard Wagner ist Brünnhilde Tochter der Erda und des Wotan, die von diesem aus Walhall verstoßen wird.

GUDRUN (Gudr, Gunnr) Name einer Walküre.

OLRUN > Alvit

SVANHVIT > Alvit

SWANHILD heißt eine Tochter der Gudrun.

ANDERE MYTHOLOGISCHE NAMEN

AFI heißt ein Sterblicher, dessen Frau Amma ihm einen Sohn Karl gebar, den Stammvater der Bauern.

AGNARR heißt der Sohn des Königs Geirrod, der dem von seinem Vater gemarterten unerkannten Odin hilft. In anderen Mythen ist Agnarr der Bruder des Geirrod und ältester Sohn des Hrauding.

AI (altnordisch »Stammvater«) ist der Name eines Zwerges, dessen Frau Edda ihm den Sohn Thrall gebar.

ALFHEIMR (altnordisch »Welt der Alben«) ist der Wohnort der Lichtalben und der Wohnort Freyrs, den er von den Asen als Zahngeschenk bekommen hatte. Alfheimr gehört damit zu den Götterwohnungen in Asgard.

ALSVIDR (altnordisch »ganz schnell«) heißt das Pferd, das zusammen mit dem Pferd Arvakr die Sonne über den Himmel zieht.

RECHTS *Odin wird im Palast des Riesen Geirrod mit dem Feuer gequält (Buchillustration aus dem 19. Jh.)*

ALSVIN heißt eines der Pferde, das den Wagen des Mondes über den Himmel zieht.

AMMA heißt die Frau des Afi und die Mutter des Karl. Neun Monate nachdem der Gott Heimdall einige Nächte mit Afi und Amma verbracht hatte, gabar sie einen Sohn namens Karl. Sie wurde so die Stammutter der Bauern.

ANDHRIMNIR (altnordisch »der dem Ruß Ausgesetzte«) heißt der Koch, der in Walhalla den Eber Sæhrímnir im Kessel Eldhrímnir zubereitet.

ANDVARANAUT heißt der Ring des Zwerges Andvari.

ANGANTYR heißt der Held, der im Kampf gegen Otter unterlag.

ANGURVADEL heißt das magische Schwert der Wikinger.

ANNAR (altnordisch »der Andere«) heißt der zweite Mann der Nótt (der personifizierten Nacht). Beider Tochter soll die Jörd gewesen sein.

ARVAKR (altnordisch »zeitig wach«) heißt eines der beiden Pferde, welche den Sonnenwagen ziehen. Das andere Pferd heißt Alsvidr.

ASEGEIR heißen die zwölf weisen Männer, die entschlossen waren, die Wikinger zu einigen. Sie bestiegen ein kleines Schiff und gerieten schnell in einen mächtigen Sturm. Da riefen sie den Gott Forseti um Hilfe an, als sie bemerkten, daß sie einen dreizehnten Passagier an Bord hatten. Diese Person nahm ihren Helm und ruderte die zwölf Männer heil zu einer Insel, wo er den Frühling schuf. Seit dieser Zeit ist die Insel (Helgoland) geschützt vor den Attacken der Wikinger.

ASGARD (Asgardr) das »Heim der Asen« ist der Wohnort der Götter in der nordischen Mythologie. Die Götter ließen sich in Asgard auch einen Tempel (Gladsheimr) und eine Halle für die Asinnen (Vingóöf) bauen. Ursprünglich dachte man sich Asgard als Teil Midgards, in dem die Götter nahe den Menschen wohnten, im Gegensatz zu Utgard, dem außerhalb dieses Gebiets gelegenen Bereich.

ASKR (altnordisch »Esche«) und Embla sind nach der altnordischen Anthropogonie der Edda das erste Menschenpaar. Im Mythos finden die Götter Odin, Viulli und Vé am Strand zwei Baumstämme, aus denen sie die Menschen schaffen, indem der erste ihnen Atem und Leben, der zweite Verstand und Bewegung, der dritte Aussehen, Sprache, Gehör und Sehkraft verleiht.

OBEN *Joch für ein Pferdegespann aus Dänemark (10. Jh.)*

ASLAUG heißt die Tochter des Sigurd und der Brünhildr. Mit drei Jahren wird Aslaug zur Waise. Brünhildrs Vater versteckt sie in einer Harfe. Ein Bauernehepaar bricht die Harfe auf und entdeckt das Kind. Weil Aslaug nicht sprach, hielten sie das Kind für stumm. Erst als ein Wikinger namens Ragnar Lodborg vorbeikam, machte sie den Mund auf und wurde seine Frau.

ATLE heißt ein Krieger, der Frithiof herausforderte.

ATLI (altnordisch »der Schreckliche«) heißt der Held und König der Hunnen Attila. Mit Hilfe eines Zaubertranks gelang es ihm, Gudrun zur Frau zu bekommen. Da diese ihn aber nicht mochte, brachte sie ihm dennoch zwei Kinder zur Welt: Erp und Eitel, die sie beide tötete. Atli war verantwortlich für den Tod von Gudruns Brüdern Gunnar und Högni.

AUDR (altnordisch »Reichtum«) heißt der Sohn der Nótt, der personifizierten Nacht, mit ihrem ersten Ehemann Naglfari.

AUDHUMLA (Audumla) ist der Name der Urkuh, die aus dem tauenden Urreif entstand. Der Mythos erzählt, daß aus ihrem Euter vier Milchströme liefen, die den Riesen Ymir ernährten, während Audumla aus dem salzigen Eis in drei Tagen den Stammvater der Götter, Buri, freileckte. Die vier Milchströme aus Audumlas Euter legen einen Vergleich mit den vier Paradiesströmen nahe.

BALMUNG heißt das Schwert von Sigmund, das Völund fertigte.

BÆLDÆG (altenglisch »der leuchtende Tag«) heißt der zweite Sohn des Gottes Odin, der König über das Reich der westlichen Sachsen wurde.

BELI (altnordisch »Brüller«) heißt der Riese, ein Bruder der Gerdr. Er kämpfte mit dem waffenlosen Freyr und wurde von diesem mit einem Hirschgeweih getötet.

BEYGGVIR (Byggvir) heißt ein Diener des Freyr.

BEYLA heißt die Frau Beyggvirs und Dienerin des Freyr.

BIFRÖST heißt die Brücke zwischen Midgard und Asgard, welche, als Regenbogen betrachtet, von den Göttern kunstvoll zwischen Himmel und Erde erbaut wurde.

BIL (altnordisch »der Augenblick«) heißt eine Göttin der Asinnen. In einem anderen Mythos ist sie eine der Gestalten des Mondes.

BILLING heißt der König der Ruthenen und Vaters der Rindr.

BILSKIRNIR (altnordisch »der mit Lichtstrahlen Blitzende«) heißt ein Saal, der ebenso wie Walhall 540 Türen hat. Er gilt auch als der Palast Thors in Asgard.

BJÖRN (altnordisch »Bär«) ist ein Freund und Vertrauter des Frithiof.

BLODUGHOFI heißt das Pferd des Freyr.

BODN (altnordisch »Gefäß«) heißt das Gefäß, in dem die Zwerge Fjalarr und Galarr das Blut des weisen Riesen Kvasir auffangen.

OBEN *Grabsteine in Form eines Langschiffes gelegt aus Lindholm, Løeje (Dänemark).*

BODVILD heißt die Tochter des schwedischen Königs Nidud, der Völund gefangennahm und ihm all seinen Besitz raubte.

BORGHILD heißt die Prinzessin, mit der Sigmund zwei Söhne hatte, Hamond und Helgi. Sinfiotli, ein Sohn des Sigmunds mit der Signy, tötete Borghilds Bruder und wurde deshalb von ihr vergiftet.

BÖRR (Bor) heißt der Sohn des Burr, der auch Vater der Götter, Odin, Vé und Vili ist.

BRANSTOCK heißt die Eiche, die in der Mitte der Halle der Wälsungen stand. Bei der Hochzeit zwischen Siggeir und Volsungs Tochter Signy erschien plötzlich ein Fremder, der ein Schwert in den Baum setzte. Wer in der Lage sei, das Schwert herauszuziehen, sagte der Fremde, der könnte in jeder Schlacht siegen. Siggeir machte den Versuch und scheiterte, so auch Völsungs neun älteren Söhne. Der jüngste Sohn Sigmund schaffte es aber. Weil Siggeir auf Sigmund eifersüchtig war, war von nun ab ein Kampf und Streit zwischen ihm und den Volsung.

BREIDABLIK (altnordisch »das weithin Glänzende«) heißt der himmlische Wohnort des Gottes Balder in Asgard.

BRIMIR heißt der Saal, in dem die Götter ihre Trinkgelage abhalten.

BRISINGAMEN heißt ein Schmuckstück der Freyja. In den altnordischen Mythen wird der Gürtel (Halsband) von den vier Zwergen Alfrigg, Berling, Dvallin und Grerr gefertigt.

BROCKEN oder Blocksberg heißt der höchste Punkt des Harzes. Hier tanzten die Anhänger der Freyja die Walpurgisnacht.

BURI (altnordisch »der Erzeuger«) ist der Name des Stammvaters der Götter. Die Mythen erzählen, daß ihn die Urkuh Audumla aus dem Eis freigeleckt habe. Buri hatte einen Sohn namens Burr, der mit der Riesentochter Bestla die ersten Götter, nämlich Odin, Vili und Vé zeugte.

DAG heißt der einzige Überlebende der Familie Hunding, nachdem sie den Kampf mit den Söhnen Sigmunds, Sinfiotli und Helgi, aufgenommen hatten.

DAGR heißt der Tag; der Sohn der personifizierten Nacht Nótt mit ihrem dritten Gemahl Dellingr.

DAINN heißt einer der vier Hirsche, die im Geäst der Weltesche Yggdrasil weiden.

DRAUPNIR (altnordisch »Tropfer«) heißt Odins goldener Armring, weil von ihm jede neunte Nacht weitere acht gleich schwere Ringe abtropfen.

DROMI (altnordisch »Fessel«) heißt die zweite der Fesseln, mit der die Asen den Wolf Fenris binden wollten, die er aber wie die erste (Lœding) zerriß. Schließlich konnte er mit der Fessel Gleipnir gebunden werden.

DUNEYRR (altnordisch »der mit braunen Ohren«) heißt einer der vier Hirsche, die im Geäst der Weltesche Yggdrasil weiden.

DURATHOR (altnordisch »Schlummer-Eber«) heißt einer der vier Eber, die im Geäst der Weltesche Yggdrasil weiden.

DVALINN (altnordisch »der Langsame«) heißt einer der vier Eber, die im Geäst der Weltesche Yggdrasil weiden.

EARTH heißt die Tochter der Nörvi und des Annar.

ECKHARDT heißt der Busenfreund des Tannhäuser.

EDDA ist eine Sterbliche und Mutter des Thrall und die Urahnin der Hirsche. Der Gott Heimdall verbrachte einige Nächte mit Edda und ihrem Gatten Ai; neun Monate später wurde Thrall geboren.

EDDAS heißen die Sammlungen altnordischer Helden - und Götterlieder. Der vermeintliche Verfasser der Lieder war Snorri Sturluson (1178-1241). Die Edda besteht aus vier Teilen: einem Prolog, »Die Täuschung des Gylfi«;

UNTEN *Der Lindisfarne-Stein aus Northumbria (England) mit der Darstellung von sieben Kriegern (Wikinger?): Die Darstellung zeigt wahrscheinlich an die erste Attacke der Wikinger in Island um 793 n. Chr.*

LINKS UND RECHTS *Ausschnitt aus einem isländischen Flateyjarbok (Teil der Edda).*

der »Poetischen Diktion« und der »Liste der Meter«. Die poetische Edda entstand um 1270 und wird fälschlich als die ältere Edda bezeichnet.

EGILL heißt sowohl ein Riese als auch der Bruder des Völund.

EGLIMI heißt der König der Orkneyinseln und der Vater der Hiordis, der letzten Frau des Sigmund.

EINHERIAR (altnordisch »der allein Kämpfende«) heißen in der altnordischen Mythologie die im Kampfe gefallenen Krieger, welche nach ihrem Tod von den Walküren vom Schlachtfeld zu Odin nach Walhall gebracht werden.

EINMYRIA heißt eine der zwei Töchter des Loki mit der Glut.

EISA heißt eine der zwei Töchter des Loki mit der Glut.

EITEL Sohn des Atli und der Gudrun

ELDE (Eldr) heißt ein Diener des Gottes Ägir.

ELDHRIMNIR (altnordisch »der durch Feuer Berußte«) heißt der Kessel, in welchem in Walhall der Koch Andhrímnir den sich immer wieder erneuernden Eber Sæhrímnir zubereitet.

ELF (Elb, Helferich, Helfrat) heißt ein Wasserdämon, dessen Name im deutschen Flußnamen Elbe auftaucht. In einigen germanischen Mythologien ist der Elf ein Gott.

ELLI (altnordisch »Alter«) ist das personifizierte Alter. In einem Mythos von Thors Fahrt zu Utgardaloki wird sie als die alte Amme des Utgardaloki dargestellt, mit der Thor einen Ringkampf auszutragen hat, in welchem er unterliegt, da niemand das Alter besiegen kann.

ELLIDA heißt das magische Drachenschiff, das der Gott Ägir den Wikingern gab.

ELVIDNER heißt die Halle der Göttin Hel.

EMBLA ist in der eddischen Anthropologie die erste Frau. Askrs und Embla wurden aus Baumstämmen geschaffen und von einer Göttertrias mit den verschiedenen Funktionen physischen und psychischen Lebens begabt.

ERMENRICH heißt der König von Gotland, ein Sterblicher, der die Walküre Swanhild heiratet.

ERNA heißt die Frau des Jarl.

ERP ist der Sohn des Atli und der Gudrun.

ESBERN SNARE heißt der Liebhaber von Helva. Er möchte Helva heiraten und schließt mit einem Troll einen Handel ab, nachdem, sobald der Troll eine Kirche errichtet hatte, Esbern entweder den Namen des Erbauers nennen sollte oder seine Augen und sein Herz verlieren würde. Helva half

OBEN *»Egil kämpft mit seinen Feinden«: Schnitzerei auf Walfischknochen aus Franks Casket (jetzt im Britischen Museum, London).*

ihm dabei und nannte ihm den Namen des Troll »Fein«.

FADIR (Fathir) ist der Gemahl von Moduir, der Urmutter der kriegerischen Rasse.

FAFNIR > Zwerge

FENRIR (Fenris) heißt der Wolf, den Loki mit der Riesin Angrboda gezeugt hat, und der von den Asen mit starken Fesseln gebunden wurde. Zu den Ragnarök aber wird er sich losreißen und Odin verschlingen, bevor Vidarr ihn töten kann.

FENSALIR (altnordisch »Sumpf-Säle«) heißt der Wohnort der Frigg.

FIMBULVETR (Fimbulwinter) ist der strenge Winter, der den Weltuntergang zu den Ragnarök einleitet.

FINE heißt ein Troll, der half, die Esbern Snare zu töten.

FJÖLNIR heißt der sagenhafte schwedische König, Sohn des Yngvi-Freyr und der Gerdr.

FOLKVANGR (altnordisch »Feld des Volkes«) heißt der Wohnort der Göttin Freyja in Asgard.

FREKI (altnordisch »der Gierige«) heißt einer von Odins Wölfen, der andere ist Geri.

FREYGERDA heißt eine Sterbliche, die den Gott Freyr heiratete und ihm den Sohn Frodi schenkte.

FRITHIOF heißt ein Sohn des Thorsten und der Ingeborg.

FRODI ist ein sagenhafter dänischer König aus dem Geschlecht der Skjöldungen, während dessen Herrschaft der berühmte Frodi-Frieden herrschte. In der Ynglinga-Saga wird Fródi mit Freyr gleichgesetzt und der Friede diesem Fruchtbarkeitsgott zugeschrieben.

FUNFENG ist eine der zwei Haupt-Dienerinnen des Gottes Ägir, die andere war Elde.

GAMBANTEIN (altnordisch »Zauberzweig«) heißt ein eigenartiger Zaubergegenstand, mit dem Skírnir die Gerdr bezaubert, und den Odin vom Riesen Hlébardr bekam, den er dafür um den Verstand brachte.

GARMR heißt ein mythischer Hund, der in der Endzeitvision von der Gnipahellir angekettet ist. In einem anderen Mythos kämpft er gegen Tyr, wobei beide den Tod finden.

GELGJA (altnordisch »Pfahl, Fessel«) heißt die Kette, mit der die Fessel Gleipnir, womit die Asen den Wolf Fenrir gebunden hatten, am Fels Gjöll befestigt wurde.

GERI (altnordisch »der Gierige«) heißt einer der Höllenhunde, die Hel bewachen. In einem Mythos sind die Geri und Freki die Wölfe des Gottes Odin, die er füttert.

GJALLARBRU (altnordisch »Brücke über den Jenseitsfluß Gjöll«) ist die Jenseitsbrücke in der nordischen Mythologie.

GJALLAR-HORN (altnordisch »das laut tönende Horn«) ist das Horn des Gottes Heimdall, das er bläst, um die Götter vor dem Anbruch der Ragnarök zu warnen.

GIMLE (altnordisch »der vor Feuer geschützte Ort«) ist ein goldgedeckter Saal, in dem die Menschen nach der Ragnarök wohnen werden.

GINNUNGAGAP ist in der eddischen Kosmogonie der Name des kosmischen Urraums vor der Erschaffung der Welt.

GJÖLL heißt die Steinplatte, an welche die Götter den Fenriswolf fesselten.

GJÖLL-FLUSS (altnordisch »Lärm«) heißt ein mythischer Fluß im Flüssekatalog. Er bildet die Grenze von Niflheim.

GIUKI heißt der König der Nibelungen, Gemahl der Königin Grimhild und Vater des Gunnar, Guttorm und Hogni, und der Tochter Gudrun.

GLADSHEIMR (altnordisch »leuchtendes Heim«) heißt Odins Wohnort, wo auch Walhall steht. Der Tempel für Odin und 12 Götter ist innen und außen wie Gold und stellt das größte und schönste Gebäude der Welt dar.

LINKS *Heckschmuck eines Langschiffs aus Oseberg.*

GLAUMVOR heißt die zweite Frau des Gunnar.

GLEIPNIR (altnordisch »die Offene«) heißt die Fessel, mit welcher der Wolf Fenris schließlich von den Asen gebunden wird.

GLENR (altnordisch »Öffnung in den Wolken«) heißt der Mann der Göttin Sól, der personifizierten Sonne.

GLITNIR (altnordisch »der Glänzende«) heißt die silbergedeckte Wohnung des Gottes Forseti, deren Wände, Pfosten und Säulen aus Gold sind.

GLUT heißt die erste Frau des Loki und die Mutter der Einmyria und Eisa.

GNIPA (Gnippahellir) heißt ein mythologischer Ort, vor dem der Hund Gamr angekettet ist, welcher sich zu den Ragnarök losreißt.

GREYFELL heißt das Pferd das Sigurd.

GRIMHILD (Kriemhild) heißt die Königin der Nibelungen und Ehefrau des Huiki. Wegen ihrer Machenschaften heiratete Sigurd die Gudrun in Bigamie, und Gunnar heiratete Brunhild ebenfalls in Bigamie.

GRIPIR heißt der Pferdemeister des Elf. Er prophezeite dem Sigurd ein glänzendes zukünftiges Leben und seinen Tod.

GROA ist der Name einer Seherin. Im eddischen Grógaldr ist sie die Mutter Svipdags, in anderen Mythen ist sie die Frau von Aurvandill (Orvandil).

GUDRUN (Gudr, Gunnr) heißt eine Walküre und eine Sterbliche (Tochter des Giuki und der Grimhild), Gemahlin von Sigurd und Atli. Ihre Tochter hieß Swanhild.

GULLFAXI (altnordisch »Gold-Mähne, Gold-Pferd«) heißt das Pferd des Riesen Hrungnir, der damit Odin auf Sleipnir zu einem Wettrennen herausfordert. Er ist langsamer als Odin, kommt aber bei der Verfolgung Odins erst in Asgard zum Stehen, worauf er als Folge seiner Angeberei von Thor im Zweikampf erschlagen wird.

Thor schenkt dann das Pferd Gullfaxi seinem Sohn Magni, den er mit der Riesin Járnsaxa gezeugt hatte.

GULLINBORSTI (Gullinbursti, Gullinyrsti) heißt der Eber des Gottes Freyr, der von den Zwergen Brokr und Sindri verfertigt wurde.

GULLINKAMBI (altnordisch »Goldkamm«) heißt ein Hahn, der bei den Asen durch sein Krähen den Anbruch der Ragnarök verkündet.

GULLTOPR (altnordisch »Goldmähne«) heißt ein mythisches Pferd, vielleicht das Pferd Heimdalls.

GUNGNIR (altnordisch »der Schwankende«) heißt Odins magischer Speer, der von dem Zwerg Dvallin geschmiedet wurde.

GUNGTHIOF heißt der Bruder von Hunthiof und Sohn des Frithiof.

GUNNAR (Gundicarius) heißt der älteste Sohn des Giuki und der Grimhild, wurde der Gemahl der Walküre Brünhilde.

GUTTORM heißt der Sohn des Giuki und der Grimhild, der wegen des magischen Trankes seiner Mutter Sigurd tötete.

GYLFI heißt ein mythischer Schwedenkönig, der den Asen die Herrschaft in Skandinavien übergab. In der Thuklur der Edda erscheint Gylfi als Seekönig. Hier schenkt er Gefjon ein Stück Ackerland, das sie von Schweden lospflügt, woraus die Insel Seeland entstand.

HAGAL ist der Stiefvater von Sigmunds Sohn Helgi.

HAKON heißt der Vater von Thora.

HALFDAN heißt der Sohn des Belé. Er ist ein enger Freund der Wikinger.

HAM heißt eine der zwei Hexen (die andere ist Heid), die mit Helgé und Frithiof eine Reise unternimmt.

HAMDIR ist ein Sohn der Gudrun mit ihrem dritten Ehemann Jonakur.

HAMOND ist ein Sohn Sigmunds und der Borghild.

HAR heißt eine der drei mysteriösen Wesen, die Gylfi am Tor von Odins Palast gesehen hat.

HATI (altnordisch »Verächter«) heißt ein mythischer Wolf, der als Sohn von Hródvitmir bezeichnet wird. Hati läuft der Sonne hinterher und verfolgt den Mond, den er schließlich verschlingen wird. Der Wolf Sköll dagegen verfolgt die Sonne.

HAVAMAL (altnordisch »die Sprüche des Hohen«) ist ein langes Gedicht von Odin, das Regeln und Lehren für den täglichen Gebrauch formuliert.

HEID > Ham

HEIDRUN heißt eine Ziege in der nordischen Mythologie, die auf Walhall weidet, von den Blättern des Baumes Læeadr frißt und aus ihrem Euter klaren Met in die Becher der Einherier fließen läßt.

HEIME ist der Sohn des Völund und ist Besitzer des Schwertes Miming, das ihm sein Vater schmiedete.

HEL heißt in der germanischen Mythologie das Reich der Göttin Hel, die

OBEN *Wandbehang aus der Baldishol-Stave-Kirche in Norwegen (frühes 12. Jh.) mit der Darstellung eines berittenen Wikingerkriegers. Die Ähnlichkeit mit der bekannten Darstellung von Wilhelm dem Eroberer ist nicht zufällig: »Normann« ist eine andere Form des Namens »Norsemen« - Nordmann.*

Personifizierung des Totenreichs. Hel ist ein Reich der Toten, in das die an Land durch Krankheit und Altersschwäche Gestorbenen aufgenommen werden und es nie wieder verlassen können.

HELGE heißt ein Sohn des Belé. Er verbot die Heirat seiner Schwester Ingeborg mit Frithiof.

HELGI ist ein Sohn von Sigmund und der Borghild und ein Liebhaber der Walküre Gudrun. Er wurde von dem verräterischen Hunding Dag erschlagen.

HERVOR ist die Tochter von Angantyr. Sie erweckte ihn von den Toten, um in den Besitz des Schwertes Tyrfing zu gelangen.

HILDING heißt der Vater von Frithiof und Ingeborg.

HIMINBJÖRG (altnordisch »Himmelsburg«) heißt Heimdalls himmlischer Wohnort, der am Ende des Himmels am Kopf der Brücke Bifröst liegt.

HJORDIS heißt die Tochter des Eglimi und ist die Frau von Sigmund.

HJUKI (altnordisch »der Gesundene«) heißt der Bruder der Bil und bezeichnet den zunehmenden Mond.

HLESEY bezeichnet die heutige dänische Insel Læssø im Kattegat.

HLIDSKJALF ist entweder der Name von Odins Thron, von dem aus er alle neun Welten überblicken konnte, oder seiner Halle.

HLORA heißt die Ziehmutter des Gottes Thor (sein Ziehvater heißt Vingnir).

HNOSS (altnordisch »Kostbarkeit«) heißt die Tochter von Odr und Freyja, nach der alle Kostbarkeiten benannt sein sollen. Ihre Schwester war Gersemi.

HOFVARPNIR heißt das Pferd der Göttin Gna.

HÖGNI heißt der Sohn des Giuki und der Grimhild. Er und sein Bruder Gunnar waren die einzigen, die wußten, wo sich der Nibelungenschatz befand.
Als Atli den Gunnar folterte, um an den Schatz zu kommen, leugnete dieser solange, bis man ihm das Herz von Högni brachte, aber Gunnar ließ sich von Atli nicht täuschen. Beim nächsten Mal brachte man ihm das richtige Herz seines Bruders. Jetzt sagte er Atli, daß er nun der letzte sei, der wisse, wo der Schatz versteckt sei, und er es ihm nicht sagen würde. Atli warf ihn daraufhin in einen Brunnen mit giftigen Schlangen.

HRAUDUNGR (altnordisch »der Zerstörer«) ist ein König und der Vater von Geirrod und Agnarr.

HRIMFAXI (altnordisch »Ruß-Pferd«) heißt das Pferd, das die Nacht bringt. Das Pferd für den Tag heißt Skinfaxi.

HUGI (altnordisch »Gedanke«) ist der personifizierte Gedanke in der mythologischen Erzählung von der Fahrt Thors zu Utgardaloki, wo sein Diener Thjálfi gegen Hugi im Wettlauf antritt und dabei unterliegen muß, da nichts schneller ist als der Flug des Gedanken.

HUGINN (altnordisch »der Gedanke«)

heißt einer der beiden Raben Odins, der andere ist Munin.

HUNDING heißt ein Edelmann, der wegen der Unverschämtheit des Helgi sich erregte und ihn deshalb bekriegte.

HUNTHIOF ist der Bruder des Gungthiof und Sohn des Frithiof.

HUNVOR heißt eine schwedische Prinzessin, die gerettet wurde und später einen Wikinger heiratete.

HVERGELMIR (altnordisch »der brausende Kessel«) heißt die Quelle in Niflheim, der die Flüsse Elivágar entspringen. Nach einem anderen Mythos aber die Quelle unter der Weltesche Yggdrasill.

IDFAVÖLLR (Idavoll) heißt die Ebene in Asgard.

IFING (altnordisch »der Ungestüme«) heißt der mythische Grenzfluß zwischen den Riesen und Göttern, der niemals zufrieren darf, denn sonst könnten ihn die Riesen überqueren.

INGEBORG ist eine Tochter des Belé, die später Frithiof heiratete.

JAFNHARR (altnordisch »der ebenso Hohe«) ist der Gott in der Göttertrias von Hárr, Jafnhárr und Thridi.

JARL ist wie Thrall und Karl ein uneheliches Kind Heimdalls mit Modir. Er wurde zum Stammvater der Krieger.

JARNGREIPR (Járnglófi) ist neben dem Hammer und dem Kraftgürtel Megfingjörd ein weiteres Attribut von Thor. Nur mit Hilfe des Járngreipr konnte er seinen Hammer werfen.

JÖRMUNGANDR (altnordisch »gewaltiges Ungeheuer«) ist ein anderer Name für die Midgardschlange.

JÖTUNHEIM (Jötunheimr »Welt der Riesen«) ist in der altnordischen Literatur die Bezeichnung für eine Landschaft im Osten, in der die Riesen wohnen.

JUTERNAJESTA heißt ein schönes Mädchen, in das sich der Riese Senjemand verliebt.

KARL ist der uneheliche Sohn des Gottes Heimdall und der Sterblichen Amma.

RECHTS *Darstellung des fischenden Thors und der Midgardschlange: Bronzearbeit aus einem schwedischen Wikingergrab (8. Jh.).*

KNEFRUD heißt ein Diener des Atli, welche der Legende nach die Nibelungen getötet haben soll.

KONUR heißt der erste König von Dänemark und ist ein Abkömmling von Jarl.

LÆDING heißt die erste Kette, mit denen die Götter den Fenriswolf fesseln wollten.

LANDVIDI heißt der Palast des Gottes Vidar.

LAUFEY heißt die Mutter Lokis, die auch Nal genannt wird.

LEIPTR (altnordisch »Blitz«) ist einer der elf aus Niflheim strömenden Flüsse Elivágar.

LÆRADR heißt ein mythischer Baum, der auf dem Dach von Walhall steht und an dessen Zweigen die Ziege Heidrun und der Hirsch Eikthryrun äsen.

LIF (altnordisch »Leben«) heißt einer der beiden Menschen, welche die Ragnarök überleben und zu den Ahnen eines Menschengeschlechts werden, der Lifthrasir.

LIFTHRASIR (altnordisch »der nach Leben Strebende«) heißt einer der beiden Menschen, welche die Ragnarök überleben werden.

LOGI (altnordisch »Flamme, Feuer«) ist ein Riese, der das Feuer personifiziert. Er ist einer der drei Söhne des Ahnherrn Fornjótr und tritt als Gegner Lokis in der Erzählung von Thor und Utgardaloki auf.

LORELEI heißt ein schönes junges Mädchen, das auf dem hl. Goarsfelsen am Rhein sitzt und die Schiffer durch ihren betörenden Gesang ins Unglück zieht.

LORRIDE heißt eine der Töchter des Thor.

LYGNI ist der Name eines Königs, der um die Hand der Hjördis anhält, von ihr aber zurückgestoßen wird. Als Hjögni Sigmund heiratet, bekämpft Lygni die Anhänger des Sigmund.

MÆLSTROM heißt der frühlingshafte Sturm.

MANAGARM heißt ein Wolf, dessen Vater Fenris und dessen Mutter Jarnsaxa war.

MANI (altnordisch »Mond«) tritt als personifizierte Gestalt der Mythologie in zwei skaldischen Kenningar auf, für welche Máni ein Riesenwesen in einem heute noch ungeklärten Mythos ist.

MANNIGFUAL heißt das riesige Schiff, das nach einem friesischen Mythos Riesen gehörte.

MEGINGJÖRD (altnordisch »Kraftgürtel«), neben dem Hammer Mjöllnir und dem Eisenhandschuh eines der Attribute des Gottes Thor.

MIDGARD (altnordisch »Wohnort in der Mitte«) war für die Germanen das Zentrum der Welt, die von Menschen bewohnte Erde. In der Edda bezeichnet Midgard nicht nur den Wohnort des Menschen, sondern auch den ihn umgebenden Schutzwall.

MIMING heißt das Schwert, daß Völund für seinen Sohn Heime schmiedete. Nach einem anderen Mythos wurde das Schwert von dem Gott Mimir gefertigt.

MJÖLLNIR heißt der Hammer des Thor, der von den Zwergen Sindri und Brokkr geschmiedet und von Loki zu den Asen gebracht wurde.

MODGUDR (altnordisch »zorniger Kampf«) heißt die Bewacherin der Jenseitsbrücke Gjallarbrú, die nach Hel führt.

MODIR (Mithir) ist die Frau des Fadir und auf Grund eines Besuches des Gottes Heimdall auch die Mutter des Jarl.

MÖKKURKALFI (altnordisch »Nebel-Bein, Nebel-Wade«) heißt ein künstlicher, von den Riesen aus Lehm gebildeter und mit dem Herz einer Stute versehener Riese, der dem Riesen Hrungnir in seinem Kampf gegen Thor beistehen sollte.
Er war neun Meilen hoch. Im Kampf

UNTEN *Brosche aus Silber und Gold aus einem norwegischen Wikingergrab.*

gegen Thors Diener Thjalfi unterlag dieser Riese.

MUNINN (altnordisch »der Gedanke«) heißt einer der Raben Odins, der andere ist Huginn.

MUSPELL ist die germanische Bezeichnung für das Weltende durch Feuer.

MYSINGER heißt der Anführer der Wikinger, der Frodi ermorden läßt.

NAGLFARI heißt der erste Mann der Nótt, der personifizierten Nacht, ihr gemeinsamer Sohn ist Audr.

NARVE (Narvi) ist die Mutter der Nótt (Nacht).

NASTRÖND (altnordisch »Totenstrand«) heißt ein mythologischer Ort, wo, fern der Sonne, eine Halle steht, deren Tor nach Norden gerichtet ist, von deren Dach Gift tropft und in der sich Schlangen winden.

NEUN WELTEN Die Neun ist die mythische Zahl der Germanen. In Odins Selbstopfer hing er neun Nächte am windigen Baum Háv, neun Welten sind es bis Niflhel, neun Mütter gebaren den Gott Heimdallr, neun Nächte muß Freyr auf die Hochzeit mit Gerdr warten; Skadi und Njördr wohnten je neun Tage in Nóatin und Thrymheimr.
Vom Ring Draupnir tropft jede neunte Nacht ein gleich schwerer Ring ab; neun Mädchen hat Menglöd um sich, und Ägir zeugte neun Töchter. Neun Schritte kann Thor zu den Ragnarök nach seinem Kampf mit der Midgardschlange noch machen, bevor er tot zusammenbricht. Neuntägige Opfer alle neun Jahre werden für Uppsala und Lejre erwähnt.

NIDHÖGGR (altnordisch »der haßerfüllt Schlagende«) heißt ein Totendrache, der das Blut von Toten trinkt und Leichen frißt.

NIDUD heißt ein König von Schweden, der Völund überfiel, ihn gefangennahm, seinen Besitz raubte und ihn zwang, in einer Schmiede Waffen und Schmuck für ihn zu schmieden.

NIFLHEIM (altnordisch »die dunkle Welt«) ist ein mythischer Ort im eisigen Norden. Niflheim bestand schon vor der Weltschöpfung.

LINKS *Spange aus vergoldeter Bronze.*

NIGHT (Nótt) heißt die Tochter der Riesin Norvi. Ihre drei Ehemänner waren Naglfari, Annar und Dellingr.

NIP heißt der Vater der Göttin Nanna.

NJÖRDR ist ein skandinavischer Gott aus der Götterfamilie der Wanen und Vater der Geschwister Freyr und Freyja.

NÖT (altnordisch »die Stechende«) heißt einer der mythischen Flüsse.

NOATUN heißt die Halle des Gottes Njördr.

OD-HRŒRIR heißt einer der Behälter, in dem die Zwerge Fialarr und Galarr das Blut des weisen Kvasit sammelten.

ODRŒRIR (altnordisch »der zur Ekstase Neigende«) ist der Name des Skaldenmets.

ORVANDILL (Aurvandill) Thor kam einmal von Norden mit Orvandill im Korb auf seinem Rücken, als eine von Orvandills Zehen aus dem Korb ragte und abfror. Daraufhin hat Thor die Zehe abgebrochen, in den Himmel geworfen und als Beweis einen Stern aus ihr gemacht, der Orvandill tá heißt.

OTTAR heißt der Held, der sich mit Angantyr um sein Eigentum stritt. Mit Unterstützung der Freya gewann er den Kampf. > auch Hyndla

RAGNAR LODBROG heißt der Schwiegersohn von Brunhild und Sigurd durch die Heirat ihrer Tochter Aslaug.

RADGRIDR (altnordisch »die Streitsüchtige«) ist der Name einer Walküre.

RAGNARÖK (altnordisch »Endschicksal der Götter«) ist die Bezeichnung für die nordische Eschatologie, nach der die Welt zerstört werden kann; das betrifft die Götter genauso wie die Menschen. Die Ragnarök werden durch vier große Ereignisse gekennzeichnet: der Fimbulwinter; der Weltenbrand, mit dem Surtr die ganze Welt vernichtet; das Versinken der Erde in dem von der Midgardschlange aufgepeitschten Ozean und schließlich die Verdunkelung der Sonne, die durch den Fenriswolf verschluckt wird. Die Vernichtung ist jedoch nicht endgültig, denn gemäß einer zyklischen Weltvorstellung steigt eine neue, gereinigte Welt aus dem Meer. Die überlebenden Götter Vidarr und Váli, Módi und Magni treffen einander auf der Ebene Idavöllr, dem Ort des früheren Asgard. Von Hel kehren Balder und Hödr zurück.

RANDWER heißt der Sohn des Ermenrich, der zu Unrecht beschuldigt wurde, mit Swanhild geschlafen zu haben. Sein Vater verurteilte beide zum Tod.

RATATOSKR (altnordisch »Bohrer-Zahn«) heißt das Eichhörnchen, das am Stamm der Weltesche Yggdrasill hin und her läuft und dem bei den Wurzeln hausenden Drachen Nidhögrr die Worte des in den Ästen sitzenden Adlers verrät, um Zwietracht zu säen.

RATI (altnordisch »Bohrer«) heißt der Bohrer, mit dem der Riese Baugi im Mythos vom Raub des Skaldenmets für Odin ein Loch in den Berg bohrt, durch welches Odin in Gestalt einer Schlange zur Riesentochter Gunnlöd schlüpfen kann, die dort den Met bewacht.

REGIN (altnordisch »Götter«) ist eine alte Bezeichnung der Götter im Nordischen.

RENNANDI (altnordisch »die Laufende«) heißt einer der mythischen Flüsse.

RERIR heißt der Sohn und Erbe Sigi.

RECHTS *Gürtelspange aus vergoldeter Bronze aus einem norwegischen Grab in Akr.*

Rerir und seine Frau hatten keinen Nachkommen, so daß eines Tages Frigga Mitleid mit ihnen hatte. Sie schickte die Göttin Gna als Botin zu ihnen mit einem magischen Apfel, den er mit seiner Frau teilen sollte. Neun Monate später wurde ihnen ein Sohn Volsung geboren. Die Eltern starben, als Volsung noch ein Kind war.

RINDR ist die Mutter des Odinsohnes Váli, der den Tod Balders rächt.

RING heißt ein Sohn des Viking.

RÖSKVA heißt die Schwester Thjalfis. Als dieser die Lähmung eines der beiden Böcke des Thor herbeiführt, nimmt Thor als Wiedergutmachung die beiden Bauernkinder Röskva und Thjalfi als Diener mit auf seine Fahrt zu Utgardaloki.

ROSSTHIOF ist der Name eines finnischen Wahrsagers, der Reisende mit einem magischen Trank betäubte und sie dann tötete und ausraubte.

RYGR (altnordisch »Frau, Dame«) ist ein unfreundlicher Name für eine Riesin in den Thulur.

RYMR (altnordisch »Lärm«) ist ein Beiname für den Gott Thor, dessen mythologische Bedeutung unklar ist.

SÆHRIMNIR (altnordisch »rußiges Seetier«) heißt der sich immer erneuernde Eber, welcher in Walhall vom Koch Andhrímnir im Kessel Eldhrímnir zubereitet wird.

SÆMINGR heißt ein Sohn Odins.

SANNGRIDR (Sanfridr) ist der Name einer Walküre.

SESSRUMNIR (altnordisch »Sitz-Räumer«) ist der Name eines Schiffs mit zahlreichen Ruderbänken. In einem anderen Mythos eine Bezeichnung für Freyjas Halle in ihrem himmlischen Wohnort Fólkvangr.

SIBICH heißt jener unehrliche Mensch, der Ermenrich mitteilte, daß sein Sohn Randwer mit Swanhild geschlafen hätte. Obwohl die Anklage falsch war, wurden Sibich und Swanhild getötet.

SIDHÖTTR (altnordisch »Lang-Hut«) ist ein Name des Gottes Odin.

SIEGFRIED > Sigurd

SIGGEIR heißt der König der Goten und Volsungen und der gehörnte Gatte der Signy.

SIGI (altnordisch »Sieger«) heißt ein Sohn Odins.

SIGRDRIFA (altnordisch »Siegtreiberin«) ist der Name einer Walküre.

SIGMUND heißt ein Held der Wikinger.

SIGNY heißt die Zwillingsschwester von Sigmund und Frau von Siggeir.

SIGURD heißt ein Held der Wikinger.

SINDRI (altnordisch »der Funkensprüher«) heißt ein Zwerg, der den Eber

RECHTS *»Sigurd erschlägt seinen Lehrer Regin«. Holzschnitzwerk aus der Starkirba-Kirche (Norwegen). Dieser Regin ist nicht identisch mit dem Zwerg Regin, dem Bruder des Otter.*

Gullinborsti, den Ring Draupnir und den Hammer Mjöllnir geschmiedet hatte.

SINFJOTLI heißt der älteste Sohn von Sigmund, seine Mutter Signy war die Schwester seines Vaters.

SKADI ist die Tochter des Riesen Thjázi, die Frau des Gottes Njördr und Mutter Freyrs.

SKALDENMET ist ein aus dem Blut des Kvasir gebrauter Met, der die Gabe der Dichtkunst verleiht.

SKIDBLADNIR ist das magische Schiff des Gottes Freyr. Es hat die wundersame Eigenschaft, daß es immer günstigen Wind hat, sobald die Segel gesetzt werden. Und daß es sich wie ein Tuch zusammenlegen und in einen Beutel stecken läßt.

SKINFAXI (altnordisch »Lichtpferd«) heißt das Pferd, das den hellen Tag herbeiführt; das Pferd, das die Nacht bringt, heißt Hrímfaxi.

SKIRNIR ist ein Diener und Bote des Gottes Freyr, und er ist der Protagonist des Eddaliedes.

SKJÖLDR heißt ein König von Dänemark, der in Wahrheit ein Odinsohn war.

SKÖLL (altnordisch »Spott«) heißt der Wolf, der die Sonne bei ihrem Lauf über den Himmel verfolgt und sie schließlich verschlingen wird.

SLAGFINN ist ein Bruder des Völund, der eine Walküre raubte.

SLEIPNIR (altnordisch »der Dahingleitende«) ist Odins achtbeiniges Pferd, das Loki - als Stute verkleidet - mit dem Riesenhengst Svadilfari gezeugt hatte.

SNOR heißt die Frau von Karl.

SŒKIN (altnordisch »die Vorwärtsdrängende«) heißt einer der mythischen Flüsse.

SÖKKVABEKKR (altnordisch »gesunkene Bank«) heißt eine der Götterwohnungen, in der Odin und die Göttin Sága wohnen.

SÖNNUNGR (altnordisch »der Wahrhaftige«) ist ein Beiname für den Gott Thor.

OBEN *Wikingeraxt mit Silbereinlage aus dem dänischen Mammen (10 Jh.).*

SOL (altnordisch »Sonne«) ist in der eddischen Mythologie eine der Asinnen, im Grunde aber die personifizierte Sonne.

SON heißt eines der Gefäße, in denen die Zwerge Fjalarr und Galarr das Blut des Riesen Kvasir auffangen.

SÖRLI ist ein Sohn der Walküre Gudrun und des Jonakur.

SOTE heißt ein Seeräuber, der ein Armband gestohlen hat, das Völund geschmiedet hatte.

STRÖND heißt einer der mythischen Flüsse.

SVADILFARI (altnordisch »der eine unglückliche Fahrt Machende«) heißt in der eddischen Mythologie der Hengst, der mit dem in eine Stute verwandelten Loki das achtbeinige Odinsroß Sleipnir zeugte.

SVAFNIR heißt eine der Schlangen, die unter den Wurzeln der Weltesche Yggdrasill hausen.

SVALIN heißt ein Schild, der die Welt vor den Sonnenstrahlen schützt.

SVARTALFAHEIMR (altnordisch »Welt der Schwarzalben«) heißt der unterirdische Wohnort der Zwerge.

SVASUDR (altnordisch »der Liebenswerte«) heißt der Vater des Sommers.

SVIDRIR ist ein anderer Name für den Gott Odin.

TANNGNJOSTR (altnordisch »Zähneknirscher«) heißt einer von Thors Böcken.

TANNGRISNIR (altnordisch »Zähnefletscher«) heißt einer von Thors Böcken.

THING ist die gesetzesgebende und richtende Versammlung der freien Männer im germanischen Altertum.

THIR (Thyr) ist die Frau von Thrall.

THJALFI ist ein Diener und Kampfgefährte des Gottes Thor.

THORA heißt die Tochter des Hakon und Frau des Thorsten.

THORER ist ein Sohn des Viking und ein Bruder des Thorsten.

THORSTEN heißt ein Held der Wikinger; ein Sohn des Viking und Bruder des Thorer.

THRALL ist der uneheliche Sohn von dem Gott Heimdall und der Sterblichen Edda.

THRIDI (altnordisch »der Dritte«) ist ein Name Odins.

THRUDHEIMR (altnordisch »Kraft-Heim«) heißt der Wohnort des Gottes Thor.

TYR ist der altskandinavische Name für den germanischen Himmels-, Kriegs- und Versammlungsgott Tiwaz.

TYRFING heißt des magische Schwert, das die Zwerge geschmiedet hatten und das Angantyr gehörte.

UNDINES heißt ein freundlicher Wassergeist.

URD (Urdr) ist der Name des Brunnens der drei Nornen.

UTGARD (altnordisch »Außenwelt«) ist in der nordischen Kosmologie der Ort außerhalb der von Göttern und Menschen bewohnten Welt und damit den Dämonen und Riesen vorbehalten.

VALASKJALF heißt eine mit Silber gedeckte Götterwohnung.

VALHALLA (Walhall) ist die »Halle der Gefallenen« und Wohnort Odins in Asgard, wo er die im Kampf gefallenen Krieger um sich schart.

VALI ist der Rächer Balders in der Mythologie der Edda.

VANAHEIMR (altnordisch »Wohnort der Wanen«)

VEDFOLNIR heißt ein Falke, der zwischen den Augen des Adlers saß, und dieser auf der Spitze der Weltenesche Yggdrasill.

OBEN *Der Felsen Asbyrgi auf Island gilt als Hufmarke des legendären Pferdes Sleipnir.*

RECHTS *Stele aus dem schwedischen Tjängvide (8. Jh.) mit der Darstellung des achtbeinigen Pferdes Sleipnir.*

VIGRIDR (altnordisch »Platz, auf dem der Kampf wogt«) heißt der Platz, auf dem zu den Ragnarök Surtr gegen die Götter zum Endkampf antreten wird.

VIKING heißt ein Held der Wikinger.

VINDSAL heißt der Vater des Winters und Sohn des Vasud.

VINGNIR heißt der Gatte der Hlora.

VINGOLF (altnordisch »das freundliche Haus«) heißt das schöne Gebäude in Asgard, das als Tempel der Asinnen diente.

VOLSUNG heißt der Vater von Sigmund und Signy. Er wurde König der Hunnen nach dem Tod seines Vaters Rerir.

VÖLUND (Wayland, Weland) heißt jener Schmied, den Nidud gefangennahm und lähmte.

VÖN (Ván) heißt ein Fluß, der im Maul des Fenrirwolfes fließt.

WALPURGISNACHT Am 1. Mai treffen sich die Hexen auf dem Blocksberg im Harz, um dort der Göttin Freyr zu dienen.

YDALIR (altnordisch »Eiben-Tal«) heißt der Wohnort von Ullr.

YGGDRASILL (altnordisch »Odins Pferd«) heißt der Weltenbaum in der eddischen Mythologie. Yggdrasill ist eine Esche, ihre Wurzeln erstrecken sich nach drei Seiten über die ganze Welt: Unter einer wohnen die Menschen, unter der anderen die Riesen, unter der dritten liegt Hel. Das Eichhörnchen Ratatoskr läuft den Stamm entlang, ein Adler sitzt in den Ästen und an den Wurzeln nagt der Drache Nidhöggr und zahlreiche Schlangen. An den Ästen der Esche weiden vier Hirsche (Dáinn, Dvalinn, Duneyrr und Durathrór); die Esche ist immer grün, und unter ihr befindet sich der Urdsbrunnen. Vor den Ragnarök halten die Götter unter Yggdrasill Rat, und die Weltesche zittert als Zeichen kommenden Untergangs.
Dem mythischen Weltenbaum Yggdrasill entspricht der gewaltige immergrüne Baum beim Tempel von Uppsala, der so ungewöhnlich gewesen sein soll, daß niemand ihn bestimmten konnte.
Bildliche Darstellung des Weltenbaums sind uns seit dem Mittelalter überliefert, so zum Beispiel an der Innenwand der mittelalterlichen Stabkirche von Sogne in Norwegen und in einem altisländischen Manuskript aus dem Jahr 1680. Moderne Darstellungen befinden sich auf den bronzenen Relieftüren des Historischen Museums in Stockholm (um 1950).

YGGIUNGR In einigen Quellen wird der Gott Odin als ein Ase aus dem Geschlecht der Yggre bezeichnet (»Yggiungr asa«).

YLGR (altnordisch »Wölfin«) bezeichnet einen der zahlreichen mythischen Flüsse, die aus der Quelle Hvergelmir (»der brausende Kessel«) entspringen.

YNGLINGE (altnordisch Ynglingar) heißt das schwedische Königsgeschlecht des frühen Mittelalters, von dem Harald Schönhaar († um 933) abstammt, der erste norwegische König.

ZAUBER In den skandinavischen Mythen wird besonders der Gott Odin mit Zauberei in Verbindung gebracht:

> »Odin beherrschte und praktizierte die Kunst, die am mächtigsten ist und sein »seidr« (Magie, Zauber) genannt wird, und dadurch kannte er das Schicksal der Menschen und die Gefahren der Zukunft ebenso, wie man einem Menschen den Tod oder Unglück oder Krankheit bringt ...«

Besonders die germanischen Seherinnen, von denen schon Tacitus berichtete, praktizierten die Vorhersage der Zukunft. Bekannte Seherinnen waren Veleda und Albruna sowie Walaburg und Ganna, die beide im 1. Jh. n. Chr. lebten. In der eddischen Mythologie wird geheimnisvolles Wissen häufig den Seherinnen in den Mund gelegt. In der Runenmagie waren Fruchtbarkeits- und Wetterzauber häufig. Einen Gesundheitszauber übten die magischen Amulette aus wie zum Beispiel Wurzeln, Tierklauen, Muschelstücke, Bernsteinperlen etc.). Besonders beliebt waren kleine Götterstatuen, die eine besondere Bindung an einen Gott herstellen sollten. Diese Statuen sind literarisch für Freyr und archäologisch für Thor und Freyr bezeugt. Kleine Hammer (»Thors-hammer«) symbolisierten später generell das Heidentum. Eine besondere Bedeutung hatten die Siegrunen bei den kämpferischen Germanen, die häufig magische Runen in ihre Waffen ritzten, um den Sieg zu beschwören.
Schwarze Magie wie zum Beispiel die altnordischen »seidr« (Schadenszauber) werden häufig in den Sagas beschrieben. In der altnordischen Literatur werden die »seidr« fast immer ab-

gelehnt, vielleicht, weil sie nicht mit der Mannesehre vereinbar waren.

ZEIT Angaben zur Zeit sind in der altnordischen Mythologie relativ selten. Überliefert sind Wendungen wie »als Ymir hauste« und die ständige Erwähnung der Ragnarök, der Endzeit.

ZWEITER MERSEBURGER ZAUBERSPRUCH In einer Handschrift aus dem 10. Jh. ist uns folgender althochdeutscher Zauberspruch überliefert:

> »Phol und Wodan ritten in den Wald. Da wurde der Fuß von Balders Fohlen verrenkt. Da besang es Sintgunt und Sunna, ihre Schwester. Da besangen es Friyja und Volla, ihre Schwester.
> Da besang es Wodan, der dies gut konnte. Sie es Beinrenkung, sei es Blutrenkung, sei es Gliederrenkung: Bein zu Bein, Blut zu Blut, Glied zu Gliedern, als wenn sie gelenkig sind!«

Bis heute konnten die im Spruch aufgeführten Götternamen nicht zufriedenstellend gedeutet werden.

UNTEN *Ein Wikinger-Kreuz aus Gosforth (England) mit der Darstellung der Weltenesche Yggdrasill.*

ZWEI

Die Schöpfung

Am Anfang war das Nichts. Fast nichts. Es gab einen unendlichen Raum und einen Gott namens Allvater (oft mit dem Gott Odin verwechselt), der war unsichtbar, und es gab ihn von Anfang der Welt. Er hatte weitere elf Namen, so zum Beispiel »Speerwerfer« oder »Herrscher über das Wetter«. Der riesige kosmische Urraum hieß Ginnungagap. Und lange bevor die Erde geschaffen wurde, gab es schon den Weltenbaum, den Yggdrasill, eine Esche, die alle neun Welten miteinander verband.

LINKS *Surtr, der Riese mit dem flammenden Schwert, bringt das Weltende durch Feuer (Buchillustration aus dem 19. Jh.).*

Unter einer der Wurzeln der Weltenesche Yggdrasill südlich von Asgard lag Muspell, das »Weltende durch Feuer«; dort war es so heiß, daß jeder, der nicht hier lebte, von der Hitze verzehrt wurde. Der Feuerriese Surtr bewachte den Ort »mit seinem flammenden Schwert«.

Yggdrasills Wurzeln erstrecken sich nach drei Seiten über die ganze Welt: Unter einer wohnen die Menschen, unter der anderen die Riesen, unter der dritten liegt Hel. Das Eichhörnchen Ratatoskr läuft den Stamm entlang, ein Adler sitzt in den Ästen und an den Wurzeln nagt der Drache Nidhöggr. An den Ästen weiden die vier Hirsche Dáinn, Dvalinn, Duneyrr und Durathrór. Yaggdrasill ist immergrün, und unter dem Bau befindet sich der Urdsbrunnen, der Mímirs - und Hvergelmirbrunnen. Vor den Ragnarök halten die Götter Rat unter Yggdrasill, und die Weltenesche zittert als Zeichen kommenden Untergangs. Und hier befindet sich auch die Thingstätte der Götter: »Diese Esche ist der größte und beste aller Bäume. Seine Zweige erstrecken sich über die ganze Welt und ragen bis über den Himmel hinaus. Drei Wurzeln halten ihn aufrecht und erstrecken sich zu den Asen, die andere zu den Reifriesen, wo früher Ginnungagap war; die dritte steht über Niflheim, unter ihr befindet sich Hvergelmir.«

Unter einer anderen Wurzel liegt Niflheim, jene dunkle Welt und jener mythische Ort im eisigen Norden. Unter ihr befindet sich die Quelle Hvergelmir, aus der die 12 riesigen Flüsse Elivágar entspringen. Hier haust der Drache Nidhöggr (Nidhug), ein Todesdrache, der die Weltesche benagt, das Blut der Toten trinkt und Leichen frißt. Die Wasser der Quelle strömen als reißende Flüsse nach Ginnungagap, den kosmischen Urraum vor der Erschaffung der Welt, wo sie zu großen Eisblöcken gefrieren.

Wo aber die Funken aus Muspellsheimr im windstillen und sanften Ginnungagap auf das Eis trafen, entstand Leben, aus den schmelzenden Reiftropfen der Flüsse hier wurden der Urriese Ymir, der erste der Eisgiganten, und die Urkuh Audumla, die »milchreiche Kuh«, zum Leben erweckt. Aus dem Euter der Kuh liefen vier Milchströme, die den Riesen nährten, und aus dem salzigen Eis leckte Audumla den Stammvater der Götter, Búri.

Der Gott Búri, der sagenhafte Erzeuger und Stammvater der Götter, zeugte mit einer Riesin oder mit sich selbst einen Sohn Burr, der seinerseits mit

UNTEN *Goldener Armring aus dem dänischen Råbylille (9./10. Jh.) mit der Darstellung der Weltenesche Yggdrasill.*

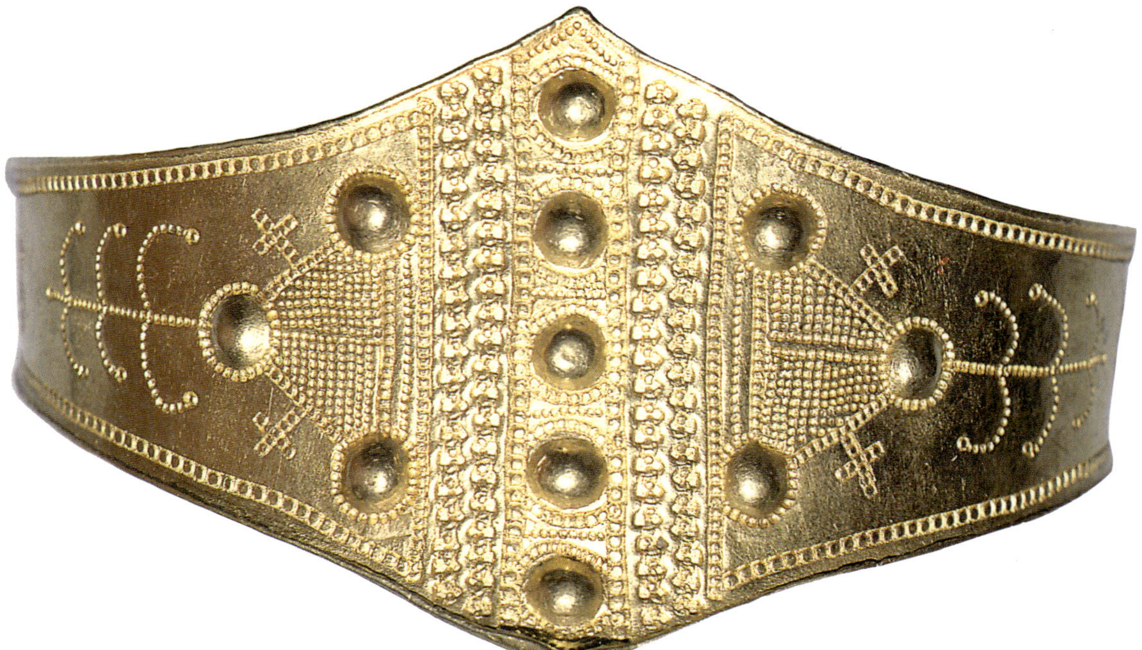

der Riesentochter Bestla die ersten Götter, nämlich Odin, Vili und Vé, zeugte. Später erschlagen diese drei Götter den Riesen Ymir, aus dessem Körper soviel Blut floß, daß alle Riesen hierin ertranken, außer Bergelmir und seine Frau, die beide auf einem Floß der roten Flut entkommen. Die Söhne des Burr schaffen dann Ymir in die Mitte von Ginnungagap und lassen aus seinem Körper die Welt entstehen. Das Blut des Riesen wurde zum Meer und allen Gewässern, sein Fleisch die Erde, seine Knochen die Berge, seine Zähne und Knochensplitter die Felsen, sein Schädel der Himmel. Aus seinen Haaren entstanden die Bäume, aus seinem Gehirn die Wolken und aus seinen Brauen wurde Midgard geschaffen.

Und dann schufen sie vier Zwerge, die den aus Ymirs Haupt geschaffenen Himmel stützen soll: Austri (Osten), Nordri (Norden), Sudri (Süden) und Vestri (Westen). Dann erschufen sie die ersten zwei Menschen aus einem Baumstamm, den sie unterwegs fanden. Odin gab ihnen Leben und Geist, Vili Intelligenz und Beweglichkeit und Vé die sechs Sinne.

Den ersten Menschen nannten sie Askr, daß heißt Esche, denn er wurde aus einem Baumstamm gemacht wie Embla, seine Frau. Und dann ließen sich die Götter eine feste Burg errichten, die sie Asgard nannten, das Heim der Asen. Ein Riese bot sich für diese Aufgabe an und versprach, Asgard in sechs Monaten zu bauen. Als Lohn verlangte er Freyja zur Frau sowie Sonne und Mond als Geschenk. Bei dieser gewaltigen Aufgabe half ihm allein sein Riesenpferd Svadilfari, das so schnell arbeitete, daß der Riese drei Tage vor dem versprochenen Termin fast fertig war …

Um den Vertrag nicht einhalten zu müssen, verwandelt sich der verschlagene Gott Loki in eine Stute und lenkt so den Hengst Svadilfari von der Arbeit ab, so daß der Bau nicht rechtzeitig fertig wird.

Daraufhin erschlägt Thor den Riesen, und Loki bringt bald darauf das achtbeinige Fohlen Sleipnir zur Welt.

Ursprünglich betrachteten die Germanen Asgard als Teil Midgards, in dem die Götter in der Nähe der Menschen wohnten im Gegensatz zu Utgard, dem außerhalb dieses Gebietes gelegenen Bereich.

In Asgard, so heißt es, werden die Götter so lange wohnen, bis Ragnarök eintrifft, die germanische Götterdämmerung.

Zur feurigen Welt (Muspell) gehören auch Máni, der Mond, und Sól, die Sonne. Máni lenkt den Lauf des Mondes und bestimmt sein Auf- und Abnehmen. Einmal, so erzählt man sich, nahm er zwei Kinder von der Erde, Bil und Hjúki, als sie vom Brunnen Byrgir kamen, und auf ihren Schultern den Scheffel Sægr und die Stange Simul trugen. Der Mythos vom Mann im Mond (ein Mann mit einer Stange und eine Frau mit einem Scheffel) ist auch heute noch eine populäre Vorstellung in den skandinavischen und norddeutschen Märchen.

Der Nörfi (Nörvi) gehört zum Geschlecht der Riesen und gilt als der Vater der Nótt, Nacht. Dieser Riese wohnte in Jötunheim (Riesenheim), und er hatte eine Tochter, die schwarz und dunkel war, die nannte er Nacht. Sie wurde mit Naglfari verheiratet, mit dem sie einen Sohn Audr hatte. Dann heiratete sie Annar und schenkte ihm eine Tochter namens Jörd. Schließlich heiratete sie Dellingr aus dem Geschlecht der Asen, dem sie einen Sohn Dagr (Tag) gebar, und dieser Sohn war leuchtend hell und schön wie sein Vater. Da nahm Alfadir (Odin) die Kinder Nótt und Dagr, gab ihnen zwei Pferde und zwei Wagen und schickte sie in den Himmel, so daß sie immer in zwei Tagen um die ganze Erde ritten.

Die Nacht reitet auf ihrem Pferd Hrímfaxi voraus und legt Tau mit dem vom Biß tropfenden Schaum des Pferdes auf die Erde. Der Tag reitet sein Pferd Skinfaxi und erhellt den ganzen Himmel und die Erde mit seiner strahlenden Mähne.

Der Mond und die Sonne werden aber von einem Wolf verfolgt, dem Hati, der sie zu den Ragnarök einho-

RECHTS *Das älteste bekannte Wikingerkreuz (10. Jh.) aus einem Grab in Birka (Schweden).*

len und verschlingen wird. Darum wird der Wolf Hati auch manchmal Mánagarmr (Verschlinger des Mondes) genannt.

Die Götter fingen auch an, Wächter zu bestimmen, die verantwortlich waren für die Jahreszeiten. So kümmerte sich der Winter, ein Enkel des Vasud, der kalte Wind, und Sohn des Vindsval, um die Schneemonate und die Kälte; der Sommer, Sohn des milden und lieblichen Gottes Svasud, war verantwortlich für den Sommer und die Wärme.

Weniger wichtig waren den Göttern die anderen Zeiten wie Mittag, Nachmittag, Abend, Mitternacht, Morgen und Vormittag.

Die ersten drei Götter standen vor einem fast unlösbaren Problem: Als sie aus dem Körper des Urriesen Ymir die Welt erschufen, hatten sie die Larven in seinem Fleisch übersehen. Da hatten sie Mitleid mit ihnen und gaben den Larven eine zwischenmenschliche Form. Also entstanden die Zwerge oder Alben, die in die Unterwelt verbannt werden. Die vier Zwerge Austri, Vestri, Nordri und Sudri tragen den aus Ymirs Schädel gebildeten Himmel. Sie sind häufig geschickte Handwerker und fertigen für die Götter so kostbare Kleinode wie Thors Hammer Mjöllnir, Sifs goldenes Haar, Heimdalls Ring Draupnir, Freyjas Halsband Brisingamen, den Eber Hildisvíni, die Fesseln Gleipnir des Fenriswolfes sowie Freyrs magisches Schiff Skídvladnir.

Die Märchen erzählen, daß man den Zwergen vor ihren Felsen auflauern muß, um sie zu ergreifen. In vielen Märchen und Sagen werden die Zwerge darum als Bergleute und Bewacher von Schätzen geschildert und als Wesen mit magischen Kräften. Besonders kunstfertige Handwerker sind die Zwerge Fjalarr und Galarr, die auch als kundige Bierbrauer bekannt sind.

Die zwei großen Götterfamilien der altnordischen Mythologie heißen Asen und Wanen.

Zu den Asen zählen die großen Götter Odin und seine Söhne Thor, Balder und Loki. Es sind meist Kriegsgötter und Götter der Herrschaft. Die Wanen, zu denen die Götter Njördr, Freyr und Freyja gehören, sind vor allem Fruchtbarkeitsgötter, die besonders von der ländlichen Bevölkerung um gute Ernte, guten Wind, Sonne und Regen angerufen werden. Im legendären Wanenkrieg bekämpfen sich die Götterfamilien der Asen und der Wanen. Die Ynglinga berichtet: »Odin zog mit einem Heer gegen die Wanen, aber sie verteidigten ihr Land geschickt, so daß keiner den andern besiegen konnte. Jeder vernichtete das Land und richtete großen Schaden an. Da kamen sie überein, Frieden zu schließen und Geiseln auszutauschen. Die Wanen schickten Njördr den Reichen, seinen Sohn Freyr und den klugen Kvasir, die Asen schickten Hœnir und Mímir.

RECHTS *Tierkopf von einem Wikinger-Bestattungsschiff aus Oseberg (Schweden).*

RECHTS *Darstellung von König Gylfi, der Asgard betrachtet (Buchillustration aus dem 19. Jh.). Die Geschichte von dem König Gylfi und seinem Gespräch an den Toren Asgards ist in der Edda überliefert.*

Asgard

Asgard war die Wohnstatt der Götter. Odin errichtete sie mit den anderen Göttern und Göttinnen aus der frühen Zeit. Den Sterblichen war diese Welt verwehrt, und sie konnten sie auch nicht sehen, denn die mythische Ebene Idavöllr, die glänzende Ebene, liegt hoch über der Erde. Der mythische Grenzfluß Ifing trennt die Welt der Götter von der Welt der Riesen, und er darf niemals zufrieren, denn sonst könnten die Riesen ihn überqueren.

Aber es gab dennoch eine Möglichkeit, die Welt der Sterblichen (Erde) mit der Welt der Götter (Asgard) zu verbinden: die magische Brücke Bifröst, eine kunstvolle, regenbogenähnliche Brücke zwischen Himmel und Erde. Bifröst endet im Himmel bei Himinbjörg (Himmelsburg), wo Heimdall wohnt und die Brücke vor den gewaltigen Riesen beschützt. Jeden Tag reiten die Asen über die Brücke, die deswegen auch Asbrú, Brücke der Asen, heißt, um zu ihrem Thingplatz zu gelangen.

Zu den Ragnarök werden die feindlichen Muspellssöhne über Bifröst reiten und dabei einen solch gewaltigen Lärm machen, daß die Brücke unter dem Hufschlag ihrer Pferde einstürzen wird.

Asgard besaß mehrere große Hallen, die einem wichtigen Gott oder einer wichtigen Göttin bestimmt war. Freyas Halle, zum Beispiel, hieß Fólkvangr (Feld des Volkes), wo die Göttin die Hälfte der Gefallenen für Walhalla auswählt. Der Gott Forseti herrschte in Glitnir und Odin in Gladsheimr, das innen wie außen aus purem Gold gearbeitet war und das beste und größte Gebäude der Welt darstellte. In Gladsheimr stand auch der prächtige Thron Hlidskjálf.

DREI

Geschichten von Göttern und Göttinnen

LINKS *Ägir, der Gott des Meeres, und seine Frau Rán, die mit ihren Netzen die Seeleute von den Schiffen fängt (Buchillustration aus dem 19. Jh.).*

ÄGIR UND NJÖRDR

UNTEN *Wikingerknauf aus Schweden (jetzt im Nationalmuseum für Altertümer in Schweden). Der Knauf stammt vielleicht aus dem 10. Jh.*

Ägir und Njördr sind beide nordgermanische Götter des Meeres und der See. Der erste stammt aus der Götterfamilie der Asen, der zweite aus dem Geschlecht der Wanen.

Bei einem Festmahl für die Asen läßt Ägir einmal leuchtendes Gold auftragen, so daß seine Halle wie von einem Feuer erhellt wird. Das Gold wurde in diesem Mythos als das Leuchtende des windstillen Meeres aufgefaßt, die Wellen des Meeres als seine Töchter [Ægisdœtra]: Himingläva (die Himmelsglänzende), Blódughadda (Blutig-Haar), Hefring (die sich Hebende), Dúfa, Udr, Hrönn, Bylgja, Bara (alles Synonyme für »Welle«) und Kolga (die Kalte). Mit einer der Wellentöchter zeugte Odin den Gott Heimdall.

In Texten zur norwegischen Urgeschichte wird Ägir als Sohn des Fornjótr bezeichnet und als Vater der Meeresgöttin Rán, in anderen Überlieferungen ist Rán jedoch seine Frau, mit der er neun Töchter zeugt, die Meereswellen. Seine Tochter Rán besitzt ein Netz, mit dem sie diejenigen Ertrunkenen auffischt, denen es nicht vergönnt ist, nach Hel oder Walhall zu kommen, sondern ihr unterseeisches Totenreich bevölkern müssen.

Ägir lebte in einer Halle unter dem Meer, die er mit seiner Frau/Schwester Rán teilt, in der Nähe der Insel Hlesey, dem heutigen Læssœ im Kattegat. Die verhaßte Rán verkörpert besonders in den Augen der isländischen Seefahrer die unheimliche und bedrohliche Seite der See. Eine Legende erzählt, daß Seeleute, die von Rán mit besonderer Freude in ihrem untermeerischen Totenreich empfangen wurden, bei ihrem eigenen Begräbnis erscheinen dürfen. Die Ertrunkenen wurden reichlich mit Met bewirtet, und wie in Walhall lagen überall Kissen aus, auf denen sich die Ertrunkenen ausruhen konnten. Und Seeleute, die Gold besaßen, wurden von ihr besonders freundlich aufgenommen und bewirtet.

RECHTS *Njördr und Skadi nach der Hochzeit auf ihrem Weg von Asgard nach Noatún. (Buchillustration aus dem 19. Jh.)*

Ägir, der auch ein Bruder der Götter Loki und Kari war, erfreute sich bei den Wikingern keiner besonderen Wertschätzung, denn man beschuldigte ihn, aus boshafter Freude seine Wellen über die hilflosen Seelen zu brechen sowie die Schiffe in den Abgrund zu reißen und die Besatzung auszurauben.

Eine Legende berichtet, daß Ägir und Rán sich gerade in ihrer Halle ausruhten, als die Götter Thor und Tyr überraschend auftauchten, weil ihnen der Met ausgegangen war. Thor bat Ägir und Rán, ihnen neues Met zu brauen. Obwohl sie über diese Bitte nicht gerade erfreut waren, willigt Ägir ein, aber nur unter der Bedingung, daß Thor ihnen einen riesigen Kessel schmieden sollte. Dies versprach Gott Thor, und Tyr erzählte, daß sein Vater, der Riese Hymir, einen riesigen Kessel sein eigen nannte. Thor und Tyr machten sich also auf den Weg zu Hymir, trafen ihn aber nicht an, sondern nur zwei Frauen. Eine von ihnen war Tyrs Großmutter, die 900 Köpfe hatte. Die zweite war seine Mutter, die sehr schön war. Sie versorgte die beiden Götter mit Met und

versteckte sie in zwei von Hymirs Kesseln.

Sie warnte Thor und Tyr vor dem Blitz des Urriesen Hymir, der sie auf der Stelle töten könnte. Kurze Zeit später tauchte Hymir auf und prüfte aufmerksam seine Umgebung. Sein tödlicher Blick zerstörte alles, außer die beiden Kessel, in denen Thor und Thyr sich verborgen hatten.

Hymir begrüßte seine Gäste herzlich und versprach ihnen einen Festschmaus, für den er drei Kühe schlachtete, von denen Thor zwei ganz allein verschlang. Hymir, erschrocken über den gewaltigen Appetit des Gottes, schlug vor, am folgenden Tag fischen zu gehen, und schickte Thor aus, einen geeigneten Köder zu suchen. Thor schlägt nun dem größten von Hymirs Stieren, Himinhrkódr, den Kopf ab und nimmt ihn zum Fischen mit. Dann rudert er weit aufs Meer hinaus.

Der Riese Hymir fängt zwei Wale, Thor aber fängt mit seinem Stier-Köder die Midgardschlange. So gewaltig ist sein Fang, daß seine Füße durch die Planken des Bootes brechen, woraufhin Hymir in panischer Angst die Angelleine kappt, so daß die Midgardschlange im Nu im Meer verschwindet. Auf dem Heimweg trägt Thor die beiden Wale auf dem Rücken. Hymir fordert nun Thors Kraft zum letzten Mal heraus. Er erzählt ihm von einem Becher, den nur ein kräftiger Mann zerstören könne.

Da nimmt Thor wütend den Becher, schleudert ihn gegen Hymir, an dessen Schädel der Becher zerbricht.

Traurig über den Verlust seines Bechers bezweifelt Hymir aber, ob die Götter den Kessel, den er ihnen jetzt schuldet, davontragen könnten. Als es Tyr nicht schafft, setzt sich Thor den Kessel auf den Kopf und trägt ihn davon. Hymir und seine Riesen verfolgen Thor, werden aber alle von ihm mit seinem Hammer Mjöllnir erschlagen. Endlich gelangen sie mit dem riesigen Kessel bei den Asen an, und Ägir kann darin endlich sein Met brauen.

Njördr ist der Vater des Geschwisterpaares Freyr und Freyja und wohnt am Meer in Nóatín.

Njördr, der in den Mythen und in der altnordischen Literatur als sehr reich geschildert wird, regiert über den Wind und das Meer und kontrolliert das Feuer.

Die Fischer verehren ihn als Schiffahrtsgott und rufen ihn deshalb für einen guten Fischfang an. Njördr ist in zweiter Ehe mit der Riesentochter Skádi verheiratet, die sich unter den Wanen einen Mann aussuchen durfte. Die Ehe war unglücklich, da Njördr am Meer wohnen möchte, seine Frau Skádi aber in den Bergen.

In zweiter Ehe heiratete Njördr die Göttin Nerthus, die Erdmutter Mater Terra bei dem römischen Historiker Tacitus, der im 1. Jh. einen Kult auf einer Ostseeinsel beschreibt. In Norwegen und Schweden ist die weibliche Gottheit Nerthus in die Gestalt des männlichen Njördr übergangen, die beide wohl auf eine ursprünglich androgyne Fruchtbarkeitsgottheit zurückzuführen sind.

Von Njördr wird folgende Geschichte berichet:

Einmal kam Njördr nach Asgard, um sich eine neue Frau zu suchen. Seine Gebete wurden erhört, denn eines Tages erschien die junge Riesin Skádi, eine Tochter des Riesen Thjazi in Asgard, weil sie ihren Vater rächen will, der von Thor im Streit erschlagen wurde.

Die Götter versuchen sie zu besänftigen und bieten ihr großzügig an, sich unter den Göttern in Asgard einen Mann auszusuchen, von dem sie aber nur die Füße zu sehen bekommt.

Skádi wählt sich Njördr aus, den Meeres- und Schiffahrtsgott, glaubt aber zunächst, Balder, den schönsten und friedfertigsten Gott in Asgard, erwählt zu haben. Weiter macht die listige Skádi den Göttern zur Bedingung, daß diese sie zum Lachen bringen müssen. Dieses Kunststück gelingt wie immer dem verschlagenen Loki, der sich einen Strick um den Bart einer Ziege und seinen Penis bindet. Aber die Ehe zwischen Njördr und Skádi scheitert, weil der Meeresgott Njördr nur am Meer glücklich sein kann und die Bergriesin Skádi nur in den verschneiten Bergen.

Abwechselnd verbringen Njördr und Skádi je neun Tage (neun Wochen oder neun Monate) in Nóatún und Thrymheimr, der Heimat Skádis, wo sie auf Skiern jagt. Da sie es aber am Meer nicht aushält, zieht sich Skádi endgültig in die Berge zurück. Aus der unglücklichen Ehe entstammen die Kinder Freyr und Freyja.

Die Ynglinga berichtet noch, daß die Riesin Skádi nach ihrer Trennung von Njördr zahlreiche Söhne von Odin hatte, von denen Jarl Hakon abstammen soll.

BALDER

Balder, der zweite Sohn des Odin und der Frigga, war der schönste, tapferste und sanfteste unter den Göttern. Sein Zwillingsbruder Hödr aber, der Gott der Dunkelheit, war furchtbar häßlich, was ihre Geschwisterliebe aber nicht beeinträchtigte. Beide lebten auf Bredablik, das heißt »Breitglanz« und liegt im Himmel, wo es nichts Unreines gibt. Balder ist der Besitzer des magischen Schiffs Hringhorni und des Rings Draupnir. Der Gott Balder wird auch als sprachgewandt geschildert, als ein Kenner der Heilpflanzen, und besonders als Wahrsager ist er in den Mythen bekannt. Nach den Ragnarök wird er von Hel aus gemeinsam mit seinem geliebten Bruder Hödr zurückkehren und in der neuen Welt leben.

Als Balder von düsteren Träumen heimgesucht wird und nicht einschlafen kann, beschließen die Asen, beunruhigt über seine bösen Träume, ihn zu schützen. Odin reitet nach Niflheim (Unterwelt), wo er die tote Seherin Völva, das heißt Stabträgerin, zum Leben erweckt.

Unter dem falschen Namen Vegtamr stellt er der Seherin Fragen, die in ihren Antworten Balders Schicksal, seinen Mörder und seinen Rächer weissagt. Am Ende aber offenbart sich Odin durch eine unlösbare Frage als Gott der Weisheit, wodurch ihn die Seherin erkennt.

Als Odin zurückehrt, nimmt Frigg von allen Lebewesen und sogar den Steinen den Eid ab, Balder nicht zu verletzen. Später, so erzählt man sich, machten sich die Asen einen großen Spaß daraus, nach dem unverwundbaren Balder zu schießen oder zu schlagen.

Nur der heimtückische Loki war wie immer neidisch auf Balders Unverwundbarkeit. Darum verkleidet er sich als Frau und erfährt durch diese List von Frigg, daß sie nur der Mistel keinen Schwur abgenommen hatte, da diese zu jung gewesen sei. Daraufhin ergreift Loki den Mistelzweig, geht damit zum blinden Gott Hödr, der sich wegen seiner Blindheit nicht am Spiel der Asen beteiligen kann und darum auch keine Waffe besitzt.

Loki fordert Hödr auf, die Mistel nach seinem Bruder zu werfen und weist ihm hilfsbereit auch die Richtung. Der Mistelzweig durchbohrt auf der Stelle den Balder, der tödlich getroffen zu Boden sinkt. Die Asen sind vor Entsetzen wie erstarrt, nur Odin begreift sofort, daß Balders Tod der größte Verlust und das größte Unglück für die Menschen und die Götter ist.

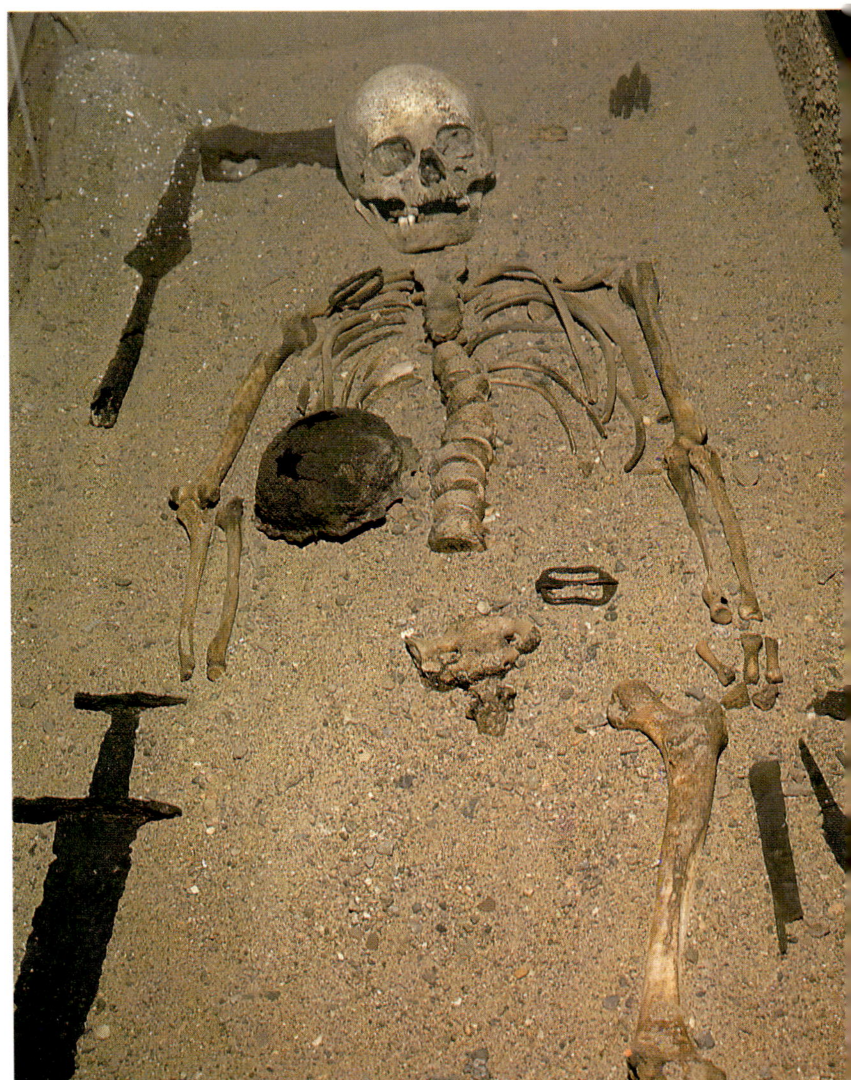

UNTEN *Ein Feuerbegräbnis zu bekommen, war für einen Wikinger die größte Ehre. Weniger ehrenvoll war eine Erdbestattung neben seinen Waffen.*

Nach seinem unglücklichen Tod wird Balders Leichnam auf sein Schiff Hringhorni (Ringhorn) gebracht, um ihn auf einem Scheiterhaufen zu verbrennen. Das Schiff war aber so gewaltig, daß die Götter es nicht zu Wasser lassen konnten und sie die Riesin Hyrrokkin (»die vom Feuer Geschrumpfte«) rufen mußten. Diese Riesin kam auf einem Wolf angeritten und hatte Giftschlangen als Zügel. Als sie von ihrem Reit-Wolf springt, ruft Odin vier kräftige Kerle herbei und befiehlt ihnen, auf den Wolf aufzupassen, aber als sie ihn nicht festhalten können, schlagen sie den Wolf statt dessen nieder.

Dann geht Hyrrokkin zum Vorsteven des Schiffs, und schon beim ersten Versuch schiebt sie das Schiff ohne Schwierigkeiten ins Meer. Dabei sprühen gewaltige Funken auf, worauf Thor in seiner großen Wut die Riesin mit seinem Hammer Mjöllnir erschlagen will, woran ihn nur die Götter hindern können, die um das Leben der Riesin bitten.

Balders Leichnam wird auf das Schiff gebracht, und als seine Frau Nanna den Leichnam sieht, stirbt sie aus tiefer Gram und wird neben ihrem Gatten auf den Scheiterhaufen gelegt. Als Thor den Scheiterhaufen mit dem Mjöllnir weiht, kommt ihm der Zwerg Litr (»der Farbige«) vor die Füße, den er versehentlich ins Feuer stößt, wo der Zwerg in den Flammen umkommt.

Dann legt Odin den Ring Draupnir auf den Scheiterhaufen und Balders Pferd.

Auf flehenden Wunsch Friggs reitet Balders Bruder Hermodr zu Hel, um bei ihr seinen Bruder auszulösen.

Hermodr reitet neun Nächte durch dunkle und tiefe Täler, bis er zum mythischen Gjöll kommt und über die goldgedeckte Jenseitsbrücke Gjallatbrú reiten muß, welche von der Dienerin Módgudr bewacht wird.

Als sie bemerkt, daß er und sein Pferd mehr Lärm machen als die fünf toten Krieger, die gerade vorbeigeritten waren, ist sie sicher, daß dieser kein Toter ist und fragt ihn, was er in Hel begehre.

Hemódr berichtet ihr von seinem Auftrag, und Módgudr bestätigt, daß Balder nach Hel gekommen ist. Daraufhin reitet Hermódr weiter bis er zum Hel-Tor kommt und es mit seinem Pferd Sleipnir mit einem mächtigen Satz überspringt. Dann reitet er in die Halle der Hel, wo er Balder auf einem Hochsitz sieht. Er beschließt, die Nacht in Hel zu verbringen.

Am nächsten Tag trägt er ihr seinen Wunsch vor, die Hel willigt ein - aber nur unter der Bedingung, daß alle Lebenden und Toten Balder beweinen und beklagen müßten.

Jetzt begleitet Balder seinen Bruder Hermódr bis vor die Halle und sendet Odin seinen Ring Draupnir. Hermódr reitet zurück nach Asgard und berichtet den Göttern von seiner Reise. Die Asen schicken eiligst Boten in alle neun Welten, damit überall Balders Tod beweint würde. Und alle weinten, die von seinem Tod erfuhren - Menschen und Tiere, Erde, Steine, Pflanzen und sogar die Metalle.

Nur einer weinte keine Träne um den toten Balder: Das war die Riesin Thökk. Denn diese war niemand anderer als der hinterhältige Loki, der auf diese Weise den von Göttern und Menschen geliebten Balder zum zweiten Mal tötete.

Als Hel erfuhr, daß Thökk Balders Tod nicht beweinte, sah sie keinen Grund, ihn aus der Unterwelt zu entlassen. Und die Boten kehrten traurig nach Asgard zurück.

Obwohl also Loki für Balders Tod verantwortlich war und nicht dessen unglücklicher Bruder Hödr, wird dieser von Vali, dem Sohn des Odin und der Rind, mit einem Pfeil getötet.

Der Tod Balders und seine Wiederauferstehung nach den Ragnarök lassen ihn als einen Vegetationsgott erscheinen, obwohl diese Vorstellung in der germanischen Mythologie eigentlich fremd ist.

Über einen eigentlichen Balder-Kult ist nichts bekannt, aber wir haben Ortsnamen in Dänemark, Norwegen

RECHTS *Hermód verabschiedet sich endgültig von Balder, nachdem sein Versuch, ihn aus Hel zurückzuholen, gescheitert war (Buchillustration aus dem 19. Jh.).*

und England, in denen der Name Balder vorkommt.

Ob auch die weiße Kamille (altnordisch »Baldersbrá«) mit dem Namen Balder in Zusammenhang zu bringen ist (Balder gilt ja auch in den Legenden als ausgezeichneter Kenner der Pflanzen und Heilkräuter), ist nicht gesichert.

FREYR

UNTEN *Wikingerschwert mit einem Griff aus Silber und Gold aus Dybäck (Schweden). Das Schwert wurde entweder in England gefertigt (deutliche Ähnlichkeit mit den in Winchester gefertigten Schwertern) oder in Skandinavien.*

Freyr (altnordisch »Herr«) zählt zu den bedeutendsten Göttern aus der Familie der Wanen und gilt bei den Nordvölkern als ein wichtiger Fruchtbarkeitsgott des Wachstums, der Ernte und des friedlichen Gedeihens. Sein großes Ansehen bei den Germanen zeigen die ihm zugelegten Beinamen wie Folkvaldi Goda (»Schirmherr der Goten«) und Veraldar God (»Weltgott«).

Der Sohn des Njördr mit dessen

Schwester, der Bruder der Freyja und, nach der Sitte der Wanen, wohl auch deren Gemahl, hält bei den Asen um die Riesentochter Gerdr an und bekommt sie schließlich zur Frau.

Seine Wohnung ist Alfheimr, das er als Zahngeschenk bekommt. Ferner besitzt er den magischen Eber Gullinborsti (altnordisch »der mit den goldenen Borsten«), den die Zwerge Sindri und Brokkr auf Lokis Befehl gefertigt hatten.

Der Eber zieht den Wagen, den Freyr lenkt, und schneller als jedes Pferd vermag er durch die Luft und über Wasser zu laufen, und das sowohl bei Tag als auch bei Nacht, denn seine Borsten leuchten hell auf. Freyr besitzt weiter ein magisches Schwert, das ohne fremde Hilfe jeden Feind tötet, sobald es aus der Scheide gezogen wird. Sein Pferd heißt Blodughofi und ist schneller als alle anderen.

Mit Odin und Thor zählt Freyr zu den großen und bedeutendsten nordischen Göttern. Erstaunlicherweise aber sind von Freyr nur wenige Legenden überliefert. Die bekannteste ist die von seiner großen Liebe zur Riesentochter Herdr, die Tochter des Gymir und der Angrboda. Freyr macht ihre Bekanntschaft, als er sich Hlidskjalf nähert, dem großen Thron des Odin, von dem aus man alle neun Welten überblicken kann. Gerdr war eine so herrliche und leuchtende Erscheinung, daß sich Freyr auf der Stelle in sie verliebt. Als er auch viele Jahre später für die Riesin Gerdr immer noch eine ungestillte Lust empfindet, machen sich seine Eltern Sorgen um seine Gesundheit.

Njördr ruft seinen Diener und Boten Skirnir (altnordisch »der Strahlende«) zu sich und beauftragt ihn, herauszufinden, an welcher seltsamen Krankheit sein Sohn Freyr leidet.

Skirnir macht sich auf zu Freyr, der ihm von seiner großen Liebe zur Riesin Gerdr erzählt, nicht wissend, daß eine Ehe zwischen Göttern und Sterblichen bei den Göttern nicht gern gesehen ist.

So bittet er Skirnir, Gerdr aufzusuchen, um sie zu verwunden. Freyr leiht ihm dafür sein Schwert und sein Pferd - sowie elf goldene Äpfel, die ewige Jugend versprechen, sowie Odins magischen Ring Draupnir.

Das Pferd Blodughjofi bringt Skirnir wie einen Blitz nach Jötunheim, der dämonischen Welt der Riesen, das östlich von Midgard liegt und durch Flüsse und den Eisenwald von der Welt der Menschen getrennt ist. Dort erfährt Skinir, daß Gymirs Wohnstatt von einem unüberwindbaren Flammenvorhang umgeben ist. So gibt er seinem Pferde die Sporen, und beide überwinden mit einem mächtigen Satz das Feuerhindernis.

Die Halle aber wurde von einem riesigen, furchterregenden Hund bewacht, der sofort losbrüllte und Gerdr auf die Eindringlinge aufmerksam machte. Die Riesin verstand sofort, daß Skirnir im Auftrag von Freyr gekommen war, der vor Jahren ihren Bruder Beli mit einem Hirschgeweih getötet hatte. Aber in höflichen Worten bat sie ihn in den Palast und reichte ihm reichlich Met.

Skirnir aber hatte andere Pläne und begann sofort von Freyrs großer Liebe zu ihr zu erzählen. Skirnir versuchte, sie mit den goldenen Äpfeln zu bestechen, dann mit dem Ring Draupnir – beide Male ohne Erfolg.

(Die oft erzählte Legende von den goldenen Äpfeln erinnert an die Beziehung zwischen Gerdr und der Göttin Idun. Vielleicht haben sich auch hier, wie so oft, zwei Legenden gekreuzt.)

Skirnir änderte nun seine Taktik und sagte ihr offen ins Gesicht, daß er sie mit seinem Schwert töten wird, wenn sie den Bitten des Freyr nicht entsprechen würde. Gerdr antwortete ihm, daß sie keine Angst vor dem Tod hat, und wenn ihr Vater zurückkehrte, würde es ihm ein Vergnügen sein, Skirnir in Stücke zu zerreißen. Jetzt versuchte der treue Skirnir seinen letzten Trumpf: Auf seinem magischen Schwert waren Runen eingeschnitzt, die die Riesin mit einem furchtbaren Fluch belegen würden. So würde sie vor Lust vergehen, aber Jungfrau bleiben; Hunger leiden, aber vom gedeckten Tisch nichts essen können; in der Nähe des Hel-Gatters leben und die schreckliche Unterwelt täglich vor Augen haben.

Und sie würde eine häßliche alte Vettel werden.

Die einzige Möglichkeit, diesem schrecklichen Los zu entkommen, wäre, Freyrs Befehlen zu gehorchen, nach Asgard zu kommen und dort seine Frau zu werden.

Jetzt endlich gab Gerdr nach, widerwillig und zornig ob der List des Skirnir, erklärte sich aber nur unter der Bedingung bereit, daß Freyr ihr in den ersten neun Nächten weder beiliegen noch sie berühren dürfe, ja, nicht einmal sehen dürfe er sie.

Dem Gott Freyr gelang es, diese schreckliche Zeit zu überstehen, dann konnte er Gerdr endlich heiraten. Obwohl die Art und Weise, wie man sie behandelt hatte, alles andere als freundlich war, lernte sie mit der Zeit ihren Mann lieben, und kurze Zeit später gebar sie ihm einen Sohn Fjölnir, der ein trauriges Schicksal erleiden wird: Nach einem Fest stürzt er betrunken in eine Metkufe und ertrinkt darin.

Dem Gott Freyr wurde auch außerhalb Schwedens große Verehrung entgegengebracht. Was zum Beispiel der Schwur »so helfe mir Freyr und Nördr« zeigt.

UNTEN *Wandteppich aus der Skog-Kirche in Hälsingland (Schweden) mit der Darstellung zwischen den Heiden Skandinaviens und den frühen Christen. Die drei Gestalten links sollen die Götter Odin, Thor und Freyr darstellen.*

Bei den Opferfeiern der norwegischen Jarle von Hladir wurde der erste Trunk Odin, die folgenden aber Njördr und Freyr geweiht. In den isländischen Quellen finden sich wiederholt Männer mit dem Beinamen »Freysgodi« »Priester des Freyr«. Und in Island wurde eine kleine wikingerzeitliche Statuette gefunden, die einen ausgeprägt phallischen Charakter hat. Sie gehört zu einem Freyr-Amulett eines Verehrers dieses Gottes.

Eine seltsame Erzählung über die Verehrung Freyrs findet sich in der isländischen Flateyjarbók, wo berichtet wird, wie der flüchtige Gunnar Helmingr bei einer Priesterin des Freyr Schutz findet, die mit einem Wagen durch das Land zieht, der das Standbild des Gottes Freyr trägt. Gunnar nimmt bald den Platz der Statue ein und fährt mit der Priesterin des Freyr umher. Als später diese schwanger wird, sieht das Volk darin ein gutes Zeichen.

Das hohe Ansehen, das Freyr bei den Skandinaviern genoß, seine große Verehrung als Gott der Fruchtbarkeit - so wird ihm im Mittelalter ein mächtiger Phallus bescheinigt - sowie die ihm gewidmeten zahllosen erotischen Gesänge anläßlich der Frühlingsfeiern, zeigt sich in den ihm zugelegten Beinamen wie »Folkvaldi Goda« (Schirmherr der Götter) und »Veraldar God« (Weltgott).

In den skandinavischen Mythen wird er auch als Besitzer des magischen Schiffes Skidbladnir und des goldenen Ebers Gullinbursti geschildert. Dieses göttliche Attribut erscheint auch im Attribut der schwedischen Könige wieder, deren Reichskleinod »Sviafriss« (Schwedenferkel) heißt. So ist Freyr nicht nur Hauptgott der Schweden, sondern auch mystischer Ahnherr der schwedischen Königsfamilie der Ynglinge.

RECHTS *Teil eines Kreuzes aus Michael, Isle of Man (10. Jh.), mit der Abbildung der Götter Gerdr und Freyr.*

OBEN *Kleine Bronzestatue des Gottes Freyr (Lunda, Schweden). Der Freyr wurde bei den skandinavischen Völkern als Gott der Fruchtbarkeit verehrt.*

FREYJA

Freyja (altnordisch »Frau, Herrin«) zählt zu den bedeutendsten Göttinen der altskandinavischen Mythologie, und bei den Nordvölkern ist sie die aufreizende Göttin der Liebenden und der Fruchtbarkeit. Sie gehört zur Götterfamilie der Wanen und ist die Tochter von Njördr und seiner Schwester, und Schwester (und ursprünglich wohl auch Frau) des Fruchtbarkeitsgottes Freyr.

Ihre Attribute sind die Halskette Brisingamen, ein Falkengewand und ein von Katzen oder von einem Eber gezogener Wagen. Als Reittier benutzt sie den goldborstigen Eber Hildesvin.

Freyja gehörte auch zu den drei Wanen, die nach Asgard als Geiseln kamen im sogenannten Krieg der Götter.

Die Asen waren so entzückt über ihre Schönheit und Intelligenz (Freyja bringt den Asen ein Zauberverfahren - seidr -), daß sie ihr einen Ort namens Folkvangr gaben und die Halle Sessrumnir. Und wenn Freyja in die Schlacht zieht, bekommt sie die Hälfte aller Gefallenen. Ihre Halle Sessrumnir war so gut und stark gebaut, daß niemand sie betreten konnte, nur Freyja war in der Lage, die Türe zu öffnen. Ihr Wagen wurde mal von einem Eber namens Hildisvini gezogen, mal von Katzen. Mit ihrem Falkenmantel fliegt sie in der Gestalt eines Falken in der Welt herum. Pferde gehörten zu ihrem Kult, denn diese Tiere galten bei den Germanen als Zeugen eines ausschweifenden Liebeslebens. Kein Wunder also, daß Freyja in allen Liebesangelegenheiten immer wieder aufgesucht wurde.

Ihr erster Mann war Odr [Odur], mit dem sie die Töchter Hnoss und Gersimi gehabt haben soll. Als Odr sie verließ, soll sie goldene Tränen des Kummers vergossen haben. Dann machte sie sich auf die Suche nach ihrem Mann.

Später führte Freyja ein eher ausschweifendes Leben, und die Zahl ihrer Liebhaber ist nicht zu zählen. Sie schlief mit ihrem Bruder Freyr (was bei den Germanen üblich war), dann mit Odin und weiteren Göttern, mit einem Sterblichen namens Ottar sowie mit vielen Zwergen. Verständlich, daß der listige und heimtückische Loki ihre Tugend öffentlich bezweifelte. Aber nicht nur die Götter stellten ihr nach: Der Riese Hrungnir, der Odin zu einem Pferdewettlauf herausgefordert hatte, prahlte, die liebestolle Freyja und die goldhaarige Sif zu entführen.

Aber Freyja schlief dennoch nicht mit jedem. So verschmähte sie den Riesen Hrungnir und auch den Riesen Thrymr, obwohl Thor und Loki sie geradezu drängten, Thrymr zu erhören, damit Thor seinen Hammer Mjöllnir zurückbekommen konnte.

RECHTS *Arthur Rackhams Vision der weiblichen Liebesgöttin Freyja.*

Die Legende berichtet, daß Thrymr einmal Thors Hammer Mjöllnir gestohlen hatte, was den Göttern auf Asgard überhaupt nicht gefiel. Darum lieh sich Loki von Freyja ihren Falkenmantel aus und flog in Gestalt eines Falken nach Riesenheim. Dort erfährt er vom Dieb, daß dieser den Hammer acht Meilen tief unter der Erde versteckt hatte und den Hammer aber nur herausgeben wird, wenn er Freyja zur Frau bekommt. Loki teilt den Asen die Bedingung mit, was Freyja aber empört ablehnt.

Jetzt schlägt der kundige Heimdall vor, Thor als Braut zu verkleiden und ihm Loki als Dienerin mitzugeben. Nach anfänglichem Zögern reisen beide nach Riesenheim. Beim folgenden Hochzeitsschmaus ißt die Braut einen Ochsen sowie acht gewaltige Lachse und leert drei Fässer schweren Mets. Auch das Honigwerk, das für die Frauen bestimmt war, aß er ganz allein auf. Darüber sind die Riesen sehr beunruhigt, aber Loki beschwichtigt den erschrockenen Thrymr mit dem Hinweis, die Braut habe acht Tage aus Sehnsucht nach Riesenheim und Thrymr nichts gegessen.

Als der Blick Thors unter dem Schleier den Blick des mißtrauischen Thrymr trifft, fährt dieser entsetzt zurück. Wiederum besänftigt ihn der listige Loki mit der Entschuldigung, die Braut habe acht Tage nicht geschlafen, so hätte sie sich vor Sehnsucht verzehrt. Schließlich bringt der Riesenkönig den Hammer Mjöllnir, den er als Zeichen der Hochzeit der Braut auf den Schoß legen muß. Sobald aber Gott Thor seinen Hammer wieder in den Händen hat, schlägt er damit Thrymr nieder und tötet dessen ganze Familie.

Die Legende vom Riesenbaumeister, der um seinen Lohn geprellt wird, hat ebenfalls mit Freyja zu tun. Einmal versprechen die Asen einem Riesen ihre Geisel Freyja zur Frau, wenn er ihnen innerhalb eines Winters die Götterburg errichten kann. Dieses vermag der Riese mit Hilfe seines Riesenpferdes Svadilfari, aber der tückische und verlogene Loki verwandelt sich in eine Stute und hält den geilen Hengst in letzter Minute von der Vollendung der Arbeit ab.

Kurze Zeit später wird das Odinsroß Sleipnir geboren. Den Riesen, der sein Wort nicht halten durfte, erschlägt Thor mit seinem gewaltigen Hammer Mjöllnir.

Eine andere altnordische Legende erzählt von Brisingamen, dem kostbaren Schmuckstück der Freyja. Das Halsband Brisingamen wurde von vier Zwergen geschmiedet (Alfrigg, Dvalinn, Berlingr und Grerr). Mit jedem von ihnen mußte die liebestolle Freyja eine Nacht verbringen, um es in die Hand zu bekommen. Als Loki dies Odin verrät, zwingt dieser ihn, ihm das Halsband zu verschaffen. Loki kann aber nur in Gestalt einer Fliege in das Schlafzimmer Freyjas eindringen.

Da die Göttin auf dem kostbaren Halsband liegt, muß er sie stechen, worauf Freyja sich etwas bewegt und der schlaue Loki das Schmuckstück an sich reißen kann. Als Freyja, wütend und traurig über den Betrug, ihr Halsband Brisingamen von Odin zurückfordert, macht dieser zur Bedingung, daß sie zwischen zwei Königen einen ewigen Krieg verursacht. Dies gelingt ihr, und es entsteht das Hjadningavíg, der »Kampf der Hedinskrieger«, der Kampf zwischen den Heeren der Helden Hedin und Högni.

Eine große Anzahl von skandinavischen Ortsnamen zeigt, daß es in Schweden und Norwegen einen Kult der Freyja gegeben hat. Ortsnamen wie Frøihov (»Freyjas Tempel«) und schwedische wie Frövi (»Freyjas Heiligtum«) weisen auf einen weitverbreiteten öffentlichen Kult hin.

FRIGG

Die altnordische Göttin Frigg [Frigga, Frea, Frija] ist in der altnordischen Mythologie die Hauptgöttin der Asen und wird an Bedeutung nur noch von der Wanengöttin Freyja übertroffen. Sie gilt als die Beschützerin des Lebens und mit ihrem Mann Odin als Göttin der Weisheit. Die Langobarden verehren sie als ihre Schutzgöttin.

Die als überaus sinnlich geschilderte Frigg, (ihr wird mehrfach der Vorwurf des Ehebruchs gemacht), ist die Tochter des Fjörynn und die zweite Frau des Odin und Mutter von Balder. Andere Quellen bezeichnen sie auch als Tochter Odins und der Göttin Jörd, aber auch als die Schwester der Jörd.

Ihr Wohnsitz in Asgard ist Fensalir (»Sumpf-Säle«), ihre Dienerinnen heißen Fulla und Gná. Als Odins Frau aber hat sie das Recht, auf seinem hohen Thron Hlidskjálf zu sitzen, von dem aus man alle neun Welten überblicken kann. Ihr Attribut ist das Falkenkleid. In der Edda tritt Frigg vor allem im Mythos von Balder hervor, wo sie allen Dingen auf der Welt einen Eid abnimmt, damit ihr Sohn Balder verschont werde, und auf ihren Wunsch reitet Hermodr nach Hel, um Balder auszulösen.

Eine Legende erzählt, daß während der Verbannung des Odin seine Brüder Vé und Vili sich nicht nur der Güter des Odin bemächtigen, sondern auch seine Frau Frigg gemeinsam angeeignet hätten. Als Odin aus der Verbannung zurückkehrt, nimmt er Frigg wieder bei sich auf, obwohl der heimtückische Loki ihm von ihrem Ehebruch berichtet. Von einer weiteren Untreue der Frigg erzählt eine Version von Saxo. Als Odin verbannt wurde, ist Frigg eifersüchtig auf den Ruhm ihres Mannes. Darum läßt sie eine kostbare goldene phallische Statue von ihm zerstören und gibt sich einem Sklaven hin. Auf Grund dieser Schande geht Odin in die Verbannung.

In einem anderen Mythos aber heißt es, sie habe das Gold in der Statue haben wollen, um sich davon bei den Zwergen ein kostbares Armband fertigen zu lassen. Dieses Armband soll so schön gewesen sein, daß Odin seine Frau noch leidenschaftlicher begehrte. Aber als er von dem Diebstahl hörte, wurde er sehr wütend und befahl den Zwergen, die Statue zu reparieren. Dann komponierte er Runen, so daß die Statue sprechen konnte. Dann stellte er die Statue hoch auf ein Tor in Asgard, damit der schändliche Diebstahl aufgedeckt würde.

Frigg ist darüber ebenso wütend wie erschrocken. Sie ruft ihre Dienerin Fulla zu sich, um ein Mittel zu finden, ihren Diebstahl vor Odin zu verbergen und seinem Zorn zu entgehen. Fulla stattet einem der Zwerge einen Besuch ab, der ihr auch verspricht, die Statue am Reden zu hindern – wenn Frigga mit ihm schlafen würde. Am nächsten Morgen geht der Zwerg zum Tor, schläfert die Wache durch einen magischen Spruch ein und zerstört die Statue. So bekommt Odin nie heraus, wer den Diebstahl begangen hat, und es ist ihm auch unmöglich, die Statue zu reparieren.

Wütend über diese Zerstörung und diesen Verrat verläßt Odin Asgard für sieben lange Monate, in denen sich seine Brüder nicht nur seiner Güter, sondern auch seiner Frau bemächtigen.

Frigg wurde in den verschiedensten Mythologien mit zahllosen Göttinnen gleichgesetzt. Unter anderem mit Bertha, Brechtam, Eástre/Eóstre, Gode, Hlodin, Holda, Horn, Nerthus, Ostara und Wode. Als die archetypische Erdmutter hat sie in fast allen Mythen und Legenden Parallelen.

In altgermanischer Zeit scheint Frigg auch außerhalb Skandinaviens bekannt gewesen zu sein. Im dritten oder vierten Jahrhundert war sie so populär, daß man den römischen Wochentag »dies Veneris« (Tag der Venus) mit Freitag übersetzte, Tag der Frîja (althochdeutsch »frîatac«, altenglisch »frigedeag«).

Die Gleichsetzung der Göttin Frîja/Frigg mit Venus zeigt deutlich, wie

LINKS *»Frigg mit ihren weiblichen Dienerinnen« (Buchillustration aus dem 19. Jh.).*

sehr diese Göttin vom Volk als Göttin der Frauen, der Liebe und der Verwandtschaft freudig verehrt wurde.

In den Schriften christlicher Schriftsteller des Mittelalters werden Odin und Frigg oft mit dem griechischen Götterpaar Zeus und Hera gleichgesetzt.

Bei dem Geschichtsschreiber Paulus Diaconus wird die Göttin als Schutzherrin der Langobarden geschildert. Obwohl ihre Bedeutung unumstritten ist, ist von einem ihr zugedachten Kult nichts bekannt.

HEIMDALL

Der altnordische Gott Heimdall [Heimdallr, Heimdalr, Heimdali], der Gott, »der die Welt erleuchtet«, stammt aus der Götterfamilie der Asen und gilt als Wächter der Götter. In anderen Mythen wird er auch als »Stammvater aller Menschen« bezeichnet.

Die Edda berichtet in folgenden Versen von ihm:

»[Heimdall] wird der weiße Ase genannt, und er ist groß und heilig; er

RECHTS *Herrlicher Tierkopf vom Bug eines Wikinger-Langschiffs, das kürzlich in Scheldt, Belgien, entdeckt wurde.*

wurde von neun Schwestern geboren. Er heißt auch Hallinskidi und Gullintanni, denn seine Zähne waren aus Gold; sein Pferd heißt Gulltoppr (»Gold-Mähne«). Er wohnt auf Himinbjörg (»Himmelsberg«) bei der Brücke Bifröst; er ist der Wächter der Götter und sitzt da am Ende des Himmels und bewacht die Brücke vor den Bergriesen. Er braucht weniger Schlaf als ein Vogel und sieht bei Tag wie bei Nacht 100 Meilen fern. Er hört das Gras auf der Erde und die Wolle auf den Schafen wachsen und alles, was lauter ist. Er besitzt das Horn, das Gjallarhorn (»das laut tönende Horn«) heißt und das man auf der ganzen Welt hören kann. Und sein Schwert heißt Höfud (»Menschenhaupt« genannt)«.

Der Gott Heimdall ist uns vor allem durch eine Legende in drei Episoden bekannt. In der ersten wird erzählt, daß Heimdall gerne in der Gestalt von Sterblichen auf der Erde spazierengeht. Meist unter dem Namen Rigr [Rig].

Einmal besuchte er unter diesem Namen das Ehepaar Ai (Urgroßvater) und Edda (Urgroßmutter). Sie luden ihn zu einem einfachen Mahl ein, und er blieb bei ihnen drei Nächte. Jede Nacht schlief er im Ehebett zusammen mit den Alten, wohl nicht ohne Folgen, denn neun Monate später wurde Heimdalls Sohn Thrall geboren. Dieses Kind war nicht besonders kräftig, aber doch stark genug, vom frühen Morgen bis zum späten Abend zu arbeiten. Thrall heiratete später eine Frau namens Thir, die ebenfalls eine gute Arbeiterin war und ihm zahllose Kinder schenkte. Diese gehörten zur neuen Klasse der Sklaven.

Inzwischen hatte Heimdall sein Spiel bei einem anderen Ehepaar wiederholt. Auch Afi (Großvater) und Amma (Großmutter) hießen ihn herzlich willkommen und ließen ihn drei Nächte bei sich schlafen. Das Essen war aber etwas besser. Neun Monate später wurde der Sohn Karl geboren, der später zu einem ausgezeichneten Bauern heranwuchs. Mit seiner Frau Snor, die als kluge und vorsichtige Frau mit mächtigen Brüsten geschildert wird, zeugte er zahllose Kinder, aus denen die Klasse der Agrarbevölkerung hervorging.

Bei seinem dritten Besuch muß das Essen noch besser gewesen sein. Auch bei Fadir (Vater) und Modir (Mutter) blieb Heimdall drei Nächte. Auch hier wurde neun Monate später ein Sohn geboren, Jarl, der zart, raffiniert und schön war. Jarl war aber auch geschickt und so begabt, daß er sich bald auf die Runen verstand und darauf, Menschen zu töten. Er und seine adlige Frau Erna wurden so die Stammeltern der herrschenden und besitzenden Klasse, der Aristokraten und der Krieger.

Ihr jüngstes Kind, der Sohn Konur (Kon), war noch erstaunlicher als sein Vater. Er hatte die gewaltige Kraft von acht ausgewachsenen Männern, und er konnte mit den Vögeln, dem Feuer und dem Meer sprechen und verstand sich darauf, Wunden und gebrochene Herzen zu heilen. Eine andere Quelle berichtet, daß der starke Konur später der erste König von Dänemark geworden sein soll.

Heimdalls Weisheit war den Asengöttern bei vielen Gelegenheiten sehr willkommen. Als der Riese Thrymr einmal die Göttin Freya zur Frau forderte im Tausch für den geraubten Hammer Thors, da hatte Heimdall den listigen Plan, Thor und Loki in Frauenkleidern zu Thrymr zu schicken. Andere Legenden berichten, daß er mit dem hinterhältigen Loki um das goldene Halsband Brisingamen kämpfte. Sie kämpften beide unter anderer Gestalt: Loki als Flamme und Heimdall als Regenwolke. Dann verwandelte sich Loki in einen Polarbär und Heimdall in einen Braunbären. Dann wurden beide Seehunde und kämpften verbissen im Wasser, wobei Heimdall siegte. Und auch den letzten Kampf wird Heimdall als Sieger beenden: Loki, der bis zu den Ragnarök angebunden sein wird, ist bestimmt, von dem »weißen Gott« der Asen getötet zu werden. Aber auch Heimdall wird sein Leben verlieren.

IDUN

Die Göttin Idun (altnordisch Idunn »die Erneuernde«, »die Verjüngende«) ist im Besitz der Lebensfrucht (goldene Äpfel, die sie in einer Truhe verwahrt) und der immerwährenden Jugend. Darum auch beginnen die Asen sofort zu altern, als der Riese Thjazi die Göttin aus Asgard entführte und folglich den Göttern die goldenen Äpfel fehlten, die ihnen die ewige Jugend garantierten.

Die Göttin Idun war die Frau des Dichtergottes Bragi, der wegen seiner Weisheit, seiner Redegabe und seiner Wortkunst überall geschätzt wurde. Nach ihm wurde auch die Dichtkunst benannt (altnordisch »bragr«).

Die Legende erzählt, daß die Götter Odin, Loki und Hœnir einmal auf der Erde zu den Eisriesen wanderten, als sie plötzlich einen mächtigen Appetit verspürten. Da in ihrer Nähe eine große Rinderherde weidete, fingen sie einen Ochsen und töteten ihn, um ihn unter einer Eiche und zwischen zwei Steinen zu rösten. Als sie die Glut nach einer Zeit löschten, stellten sie erstaunt fest, daß der Ochse nur halb angebraten und noch ungenießbar war (selbst für den unersättlichen Thor). Die hungrigen Götter versuchten es noch einmal, aber wieder ohne Erfolg.

Da sprach ein riesiger Adler von einem Ast aus zu ihnen, daß dank seiner magischen Kräfte die Flammen das Fleisch nicht hätten rösten können. Er machte den Asengöttern aber

UNTEN *»Heimdall bläst ins Horn, um die Götter vor dem Weltuntergang zu warnen (Jurby, Isle of Man).*

einen Vorschlag: er würde den magischen Zauber unter der Bedingung lösen, wenn die Götter ihm soviel Fleisch zu essen geben würden, wie er Appetit hätte. Das schien den drei Asengöttern ein angemessener Vorschlag, und sie willigen erleichtert ein.

Aber sie hatten nicht mit dem Appetit des Adlers gerechnet. Er nahm die fette Schulter und die gerösteten Keulen des Ochsen und ließ den Göttern nur geringe Reste. Darüber wurde Loki so wütend, daß er einen Ast ergriff und nach dem Adler schleuderte und ihn durchbohrte. Der Adler ließ das Fleisch fallen und flog davon, ohne den Ast aus seinem Körper lösen zu können. Aber auch Lokis Hände konnten sich nicht vom Ast befreien. Der Adler flog so nah über dem Boden und schleppte Loki so lange über Stock und Stein, bis Loki wegen der großen Schmerzen bewußtlos wurde und den Adler, halb wahnsinnig vor Schmerzen, um Gnade anflehte. Der Adler willigte unter der Bedingung ein, daß Loki die Göttin Idun aus Asgard fortlocken sollte, damit er sie in seinen Besitz bringen könnte. Natürlich war der Adler niemand anders als der Riese Thjazi, der Vater der Skádi.

UNTEN *Detail einer Stele aus dem schwedischen Gotland (8. Jh.) mit der Darstellung eines reitenden Kriegers.*

Loki machte sich kurze Zeit später auf nach Asgard und berichtete der Idun, daß er einen Hain entdeckt hätte, in dem herrliche Äpfel wachsen würden, die es mit ihren magischen goldenen Äpfeln aufnehmen könnten. Die neugierige und arglose Idun glaubte dem verlogenen Loki und willigte gerne ein, ihm zu folgen. Kaum hatten sie aber Asgard verlassen, machte sich Loki rasch aus dem Staub. Der Riese Thjazi, von neuem in der Gestalt eines Adlers, stürzte vom Himmel herunter und entführte die Göttin samt ihrer köstlichen goldenen Äpfel zu seinem Wohnsitz und war jetzt sicher, die Äpfel der ewigen Jugend in seinem Besitz zu haben. Er war aber todtraurig, als es ihm nicht gelang, von der Göttin Idun einen ihrer magischen Äpfel zu bekommen.

Nachdem Idun ihren Wohnort in Asgard verlassen hatte und als Gefangene bei Thjazi bleiben mußte, ging es bei den Göttern in Asgard drunter und drüber. Die Asen machten sich große Sorgen um Idun. Zuerst glaubten sie, Idun wäre mit ihrem Dichtergatten Bragi unterwegs, aber als sie anfingen zu altern, wurde ihre Verzweiflung immer größer. Da rief Odin die Asen zu sich, um zu beraten, doch als sie feststellten, daß nur Loki nicht gekommen war, begriff auch ihr immer schneller alternder Verstand, daß Loki wieder einmal Verrat begangen hatte. Und jetzt berichteten die Diener des Gottes Heimdall, daß sie Loki mit Idun bei der Brücke Bifröst gesehen hatten.

Die Götter schickten nach Loki und machten ihm klar, daß er ihnen sofort Idun beibringen mußte, sonst würde sein Tod kein erfreulicher sein. Loki lieh sich daraufhin von Freyja ihr Falkengewand und flog wie der Blitz nach Thrymheim, dem Wohnsitz des Riesen Thjazi.

Dort verwandelte Loki die Göttin Idun in eine Nuß und trug sie in seiner Falkenklaue davon, verfolgt vom wütenden Thjazi in Adlergestalt; in Asgard brachten die Asen den Riesen durch Feuer zum Absturz, und Thor erschlug ihn mit seinem Hammer Mjöllnir.

Als die Götter ihre ewige Jugend wieder zurückbekommen hatten, und um weitere Riesen davon abzuhalten, Rache zu nehmen, warfen Odin und Thor die Augen des Riesen weit an den Himmel, wo sie ein wunderschönes Doppelsternbild wurden.

Aber die Tochter des Riesen Thjazi, Skádi, macht sich später auf nach Asgard, um ihren Vater zu rächen. Als sie bewaffnet und zornig vor den Göttern steht, bieten ihr diese einen Vergleich an: Sie soll sich unter den Asen einen Mann aussuchen, aber dabei von ihm nur seine Füße zu sehen bekommen. Sie wählt - glaubt sie - den schönsten aus. Aber anstatt den schönen und sanften Balder zu bekommen, erwählt sie den Gott Njördr, den sie heiraten wird, aber ihre Ehe sollte nicht glücklich werden.

Im Mythos vom Raub der Idun ist die Vorstellung von den verjüngenden Äpfeln mit der klassischen Geschichte vom Raub einer Göttin durch die Riesen verknüpft.

Es ist wahrscheinlich, daß der germanische Mythos von der Erzählung des klassischen Altertums, von den Äpfeln der Hesperiden, beeinflußt ist.

LOKI

Über keinen nordischen Gott gibt es so viele Geschichten wie über die vielschichtigste, aber auch negativste Gestalt der germanischen Götterwelt. Loki ist nicht nur Vater mehrerer götterfeindlicher Mächte wie Fenriswolf, Hel und Midgardschlange, sondern auch Vater des Hengstes Sleipnir. Häufig aber kommen seine negativen Eigenschaften den Göttern zugute, wenn er ihnen aus schwierigen Situationen helfen muß.

Der Name des Gottes Loki hängt wahrscheinlich mit dem altnordischen Wort für »Lohe« (loki) zusammen, was auch auf seine eschatologische Rolle hinweist, weil er die Ragnarök, den Weltuntergang, herbeiführt. Sein anderer Name Loptr, was wahrscheinlich »der Luftige« bedeutet, hängt sicher mit seiner Unbeständigkeit zusammen. Wenn Loki mit Odin auftritt, ist er immer der listenreiche Helfer der Götter, sonst erscheint er immer als ihr gefährlichster Gegner. Als er den Tod des vielgeliebten Balder verschuldet, wird er zur Strafe gefesselt. Unter dem von einer Schlange herabtropfenden Gift muß er sich ständig winden, wodurch er die Erde zum Beben bringt. Seine Gemahlin ist die freundliche Asin Sigyn.

Loki ist einer der wenigen Götter ohne eine eindeutige Funktion im nordischen Pantheon. Es gibt keinen Loki-Kult, und auch Ortsnamen auf Loki sind unbekannt. Viele Gelehrte sehen in Loki in erster Linie einen Feuergott, wozu vielleicht auch die lautliche Ähnlichkeit mit dem personifizierten Feuer, dem Riesen Logi, verleitet. Als Dieb des Feuers wollte man Loki auch auf eine aquatische Natur festlegen, wofür auch seine Verwandlungen in einen Seehund und in einen Lachs sprachen. Sein trickreiches Wesen zeigt deutlich seine Doppelfunktion als Betrüger und Kulturheros - damit ist er dem Prometheus in der griechischen Mythologie verwandt.

Der Name Loki hat sich in mehreren skandinavischen Sprachen erhalten. Im Isländischen zum Beispiel sagt man »da ist ein Loki drin«, wenn man von einem verwickelten Faden spricht; und die Hundshitze heißt »lokabrenna«. In Norwegen heißt es »Lokje schlägt seine Kinder«, wenn das Feuer im Ofen prasselt; und man wirft Reste ins Feuer »für Lokje«.

Loki war dreimal verheiratet. Seine erste Frau Glut schenkte ihm die Kinder Einmyria und Eisa. Alle drei Namen beziehen sich auf das Element Feuer, denn Loki war nicht nur der Gott der Entspannung und der Freizeit, sondern auch der des Feuers. Für die Bauern war Loki deshalb der bedeutendste Gott, denn die wenigen Augenblicke der Ruhe und der Entspannung waren für die Bauern immer willkommene Augenblicke.

Die Nachkommen aus seiner zweiten Ehe waren weit weniger erfreulich: Mit seiner zweiten Frau, der Riesin Angrboda (»die Kummer Bereitende«) zeugte Loki den furchtbaren Ferniswolf, der sogar die Götter bedrohte, die Weltschlange Jörmungandr (»gewaltiges Ungeheuer«), die Midgardschlange und Hel, die Göttin der Unterwelt. Seine dritte Frau war die schöne und sanfte Sigyn, mit der er die Kinder Narfi und Váli zeugte. Sie ist auch die einzige, die Loki bis zu den Ragnarök treu bleibt.

Manchmal konnte Loki den Göttern aber auch hilfreich und zu Diensten sein. Einmal, so berichtet die Legende, machten die Götter ein törichtes Versprechen. Ein Riese stattete Asgard einen Besuch ab und machte den Göttern den Vorschlag, einen Schutzwall um Asgard zu bauen. Als Belohnung verlangte er nur die Hand der Göttin Freyja. Sie vereinbarten, daß der Riese nur einen Winter, also sechs Monate, Zeit haben würde, das Werk zu vollenden, denn die verschlagenen Götter waren sicher, daß der Riese dies unmöglich bewerkstelligen konnte und sie so seine (fast fertige) Arbeit nicht würden bezahlen müssen. Aber sie hatten nicht mit dem sagenhaften Pferd des Riesen gerechnet, das so gute Arbeit tat, daß der Riese innerhalb der vereinbarten Frist fertig werden würde. Als das Ende des Winters immer näher kam, dämmerte es den Göttern, daß sie die Wette verlieren würden und sie dem Riesen die Göttin Freyja wohl oder übel zur Frau geben müßten.

Freyja fragte in ihrer Verzweifelung jetzt den verschlagenen Loki um Rat und Hilfe, denn die Frist näherte sich ihrem Ende. Loki nahm die Gestalt einer lüsternen Stute an, näherte sich dem Hengst und verschwand mit ihm im Wald. Jetzt konnte der Riese nicht mehr mit der Unterstützung seines Wunderpferdes rechnen, und er wußte, daß er die Mauer nicht würde vollenden können.

Der Riese war so erbost über den Betrug, daß er die Götter beleidigte und dafür von Thor mit dem Hammer Mjöllnir erschlagen wurde. Als die Stute später nach Asgard zurückkehrte, war sie die stolze Mutter des achtbeinigen Sleipnir, der Odins mächtiges Streitroß wurde. Natürlich war es Loki, der in der Gestalt der Stute dem Hengst nachgestellt hatte.

RECHTS *Darstellung des gefesselten Loki unter der giftspritzenden Schlange sowie seiner Frau Sigyn, die das Gift in einer Schale auffängt. Oben sind die Gestalten der Götter Odin und Heimdall zu sehen, die von zwei wütenden Drachen angefallen werden.*

Ein anderes Mal half Loki den Göttern, als die Riesin Skádi nach Asgard kam, um ihren Vater Thjazi zu rächen. Loki gelang es, sie durch witzige Kunststücke zum Lachen zu bringen, so daß sich ihr Zorn legte und sie die (unglückliche) Frau des Meeresgottes Njördr wurde.

Eine andere Legende erzählt, daß Loki sich mit Thor auf die Rückholung des Thorshammers Mjöllnir macht, in der Thor sich als Frau verkleidet und Loki Thors Dienerin spielt. Eine weitere Legende berichtet von einer Reise zum Riesen Utgardaloki, wo Loki gegen den Riesen Logi in einem Wettessen antritt und verliert, ebenso wie dann Thor beim Essen: »Man nahm einen Trog voller Geschlachtetem und trug ihn in die Halle; Loki setzte sich an ein Ende und Logi ans andere; beide aßen, so schnell sie konnten, und trafen in der Mitte des Trogs aufeinander. Loki hatte da alles Fleisch von den Knochen heruntergegessen, Logi aber das Fleisch samt den Knochen und den Trog dazu. Allen schien nun, daß Loki den Wettstreit verloren hätte.«

Später stellte sich heraus, daß die Götter durch Magie am Sieg gehindert wurden, denn Logi war kein anderer »als das Wildfeuer, das nicht nur das Fleisch, sondern auch den Trog verbrannte«.

Der trickreiche Loki konnte aber auch den Menschen ein hilfreicher Freund sein. Einmal spielte ein Bauer eine Partie Schach mit dem Riesen Skrymsli. Wenn der Riese das Spiel gewinnen würde - so war vereinbart -, müßte ihm der Bauer seinen Sohn geben, es sei denn, dieser könnte sich so gut verstecken, daß der Riese ihn nicht finden würde. Natürlich gewann der Riese das Spiel. Der kummergeplagte Bauer rief Odin um Hilfe an, und der hilfreiche Gott verwandelte den Sohn des Bauern sofort in ein winziges Weizenkorn. Der Riese Skrymsli aber hatte so gute Augen, daß er das Weizenfeld ausmachte und dem Halm immer näher kam. In letzter Sekunde aber schritt Odin ein und brachte den Jungen zu seinen Eltern zurück. Dann schien Odin kein Interesse mehr an der Angelegenheit zu haben. Jetzt wandten sich die verzweifelten Eltern an den Gott Hœnir, der den Jungen in eine winzige Daunenfeder verwandelte, die er in der Brust eines Schwanes versteckte. Aber auch diesmal durchschaute der Riese den Trick und würde die Daunenfeder verschlungen haben, hätte nicht Hœnir sie aus seinem Maul geblasen.

OBEN *Teil eines Wikingerkreuzes von Maughold (Isle of Man), mit der Darstellung des Gottes Loki, der gerade mit einem Stein einen Fischotter töten will.*

Wie schon Odin, so verlor auch Hœnir jedes Interesse an dem Jungen und dem Riesen. In ihrer Not vertrauten sich die Eltern dem verschlagenen Loki an, der den Jungen in ein winziges Ei in einem Fischrogen verwandelte. Auch diesen Trick durchschaute der listige Riese, und nach kurzer Zeit spürte er den Fisch in den tiefsten Welten des Meeres auf. Als er gerade dabei war, das richtige Ei herauszufinden, kam ihm Loki zuvor und rannte davon. Er verwandelte flugs das Ei in den Jungen zurück und befahl ihm, nach Hause zu laufen. Aber, so befahl er ihm eindringlich, müsse er seinen Weg unbedingt durch das Bootshaus machen. Hier wollte Loki dem Riesen eine Falle stellen. Der Junge tat wie ihm geheißen und rannte so schnell er konnte davon. Der Riese kam ihm immer näher. Als er aber durch das Bootshaus lief, riß Loki dem Riesen ein Bein aus, das aber sofort wieder anwuchs. Der Gott Loki verstand nun, daß der Riese über magische Kräfte verfügte. So riß er ihm auch noch das andere Bein ab; weil er aber Feuerstein auf die Wunde legte, konnte das Bein nicht wieder anwachsen, und der Riese verblutete.

RECHTS *»Odin wird vom Fenriswolf in den Ragnarök angegriffen.« Darstellung auf einem Wikingerkreuz von der Andreas-Kirche (Isle of Man).*

Von Lokis Spottlust handelt die »Lokasenna«, Lokis berühmte Spottrede. Einmal sind die Götter in der Halle des Riesen Ägir zum Trunke versammelt. Als alle Ägirs geschickte Diener loben, erschlägt Loki einen von ihnen, Fimafengr, und wird daraufhin aus der Halle vertrieben. Jetzt versucht Loki, aufs neue in die Halle zu kommen, wird aber vom Diener Eldir abgewiesen, dann aber, als Loki auf seine Blutsbrüderschaft mit Odin verweist, widerstrebend eingelassen. Er grüßt jedoch den Dichtergott Bragi nicht, und als die Göttin Idun ihren Gemahl in Schutz nimmt, verspottet Loki auch sie. Jetzt überschüttet Loki die Götter mit Beschimpfungen und jeder, der dem gerade Beleidigten zu Hilfe kommt, wird sofort von Loki mit beißendem Spott übergossen. Schließlich kommt Thor, der gerade auf einer seiner häufigen Ostlandreisen war, zurück und bedroht Loki mit seinem Hammer Mjöllnir, nicht aber ohne selbst noch von Loki verspottet zu werden.

Die Göttinnen Idun, Frigg und Freyja beschuldigt Loki der Untreue und der Unzucht; Bragi und Byggvir (ein Diener Freyrs) bezichtigt er der Feigheit; und der Mund des Nördr, so höhnt er, habe den Riesentöchtern als Nachttopf gedient, als er Geisel bei den Riesen war, und er beschuldigt ihn auch des Inzests mit seiner Schwester. Tyr, dem Gott des Mutes, hält er vor, daß seine Frau mit ihm, Loki, einen Sohn geboren hätte; und Odin

RECHTS *Darstellung des Fenriswolfs (unten) und des reitenden Odin; (Gosforth-Kreuz aus Cumbria, England).*

schließlich beschuldigt er der Ungerechtigkeit bei der Verleihung des Sieges und der Zauberei.

Loki konnte aber auch unvorstellbar grausam sein. Eines Tages wanderten Hœnir und Odin auf der Erde, als Loki einen Otter sah, der gerade auf Lachsfang war. Der Gott warf einen Stein auf den Otter und tötete ihn. Dann wollten sie den Lachs zu dritt verspeisen. Aber der Otter war kein gewöhnlicher Otter, sondern Otter, ein Sohn des Königs Hreidmar. Und so nahm die schreckliche Geschichte von Andvars Gold ihren Lauf, die wir im ersten Kapitel erzählt haben.

Wie schon erwähnt: Loki hatte mit der Riesin drei Kinder gezeugt: Hel, Jörmungand und Fenris. Diese Heirat hatten die Götter nicht gestattet, und so versuchte Loki, die Kinder in einem tiefen Keller zu verstecken, aber sie wuchsen so schnell heran, daß sie dem stets mißtrauischen Odin nicht verborgen blieben. Der Vater aller Götter beschloß, sich dieser Ungeheuer zu entledigen, denn sie wuchsen so schnell heran, daß sie zu einer Bedrohung für die Welt der Götter und der der Menschen wurden. Er verbannte Hel nach Niflheim, wo sie als Göttin über das Reich der Toten herrschte; die Schlange Jörmungand (= Midgard) warf er ins Meer, wo sie bald so riesig wurde, daß sie die ganze Welt umfassen konnte. Odin war sehr beunruhigt über die Nachkommen des Loki, die so schnell heranwuchsen, und er beobachtete den Fenriswolf mit großem Mißtrauen. Aber vielleicht, so dachte Odin, wäre es ja nicht falsch, aus dem Wolf ein verträgliches Wesen zu machen. Und so kam Fenris nach Asgard.

Alle außer Tyr waren sehr erschrocken über dieses Ungeheuer. Tyr, der Gott des Mutes, wurde beauftragt, den Wolf zu zähmen. Aber noch immer wuchs Fenris, und seine Wildheit sprengte alles bekannte Maß. Da die Götter aber keine Lust hatten, den Wolf zu töten, den sie als Gast nach Asgard gebracht hatten, beschlossen sie, ihn so fest anzubinden, daß er sich unmöglich losreißen konnte. Dafür benutzten sie die Kette Læding und taten wie beschlossen. Fenris fauchte beim Anblick der Kette, aber er war sich seiner Stärke so sicher, daß er ruhig abwartete, bis sie ihn gebunden hatten. Dann biß er die Kette in unzählige Stücke. Die Götter versuchten es jetzt mit der noch kräftigeren Kette Drómi, aber wieder konnte sie der Fenriswolf durchbeißen.

Jetzt schickten die Götter Skirnir, den Diener Freyrs, zu den Zwergen, die eine noch stärkere Kette schmieden sollten. Sie gaben ihm die Fessel Gleipnir (»die Offene«), die aus folgenden Teilen bestand: Geräusch der Katze, Bart einer Frau, Wurzeln der Berge, Atem eines Fisches und der Spucke eines Vogels. Diese Fessel, die aus Teilen bestand, die es nicht gab, war so leicht, daß sie der Fenriswolf nicht zerreißen konnte. Dann banden die Götter den Wolf mit der Kette Gleipnir an den Felsen Gjöll, den sie mit dem Stein Thivti in die Erde schlugen. Als aber der Gott Tyr seine Hand nach dem Wolf ausstreckte, schnappte das Ungeheuer zu, und fortan wurde Tyr nur noch der einhändige Gott genannt.

Der Wolf aber wurde jetzt unter die Erde verbannt, wo er schrie, so erbärmlich brüllte, daß die Götter den Lärm nicht lange ertragen konnten. Um ihn zum Schweigen zu bringen, spreizten sie ihm ein Schwert zwischen die Kiefer, so daß Blut herausfloß und den gewaltigen Fluß Ván bildete. Und so wird Fenris bis zu den Ragnarök am Felsen Gjöll gefesselt sein, bevor er die Fessel Gleipnir zerreißen und sich an den Göttern rächen kann.

Lokis Betrügereien wurden mit der Zeit immer schlimmer. Mit seinen Lügen und Gemeinheiten spielte er immer wieder die Götter gegeneinander aus. Zu seinen schändlichsten Taten gehört die, der Asin Sif das herrliche Haar abgeschnitten zu haben. Als Thor das bemerkte, wurde er so wütend über Loki, daß er Loki fast getötet hätte, wenn er nicht geschworen hätte, die Schwarzalben dazu zu brin-

gen, für Sif aus Gold Haar zu verfertigen, das wie richtiges Haar wachse.

Lokis Bestrafung sollte dann furchtbar sein. Nach dem Tod Balders, den Loki zu verantworten hatte, verwandelte er sich in einen Lachs und hält sich im Wasserfall Frananger-fors vor den Göttern verborgen. Mit Hilfe von Lokis eigener Erfindung, dem Fischnetz, gelingt es schließlich den Asen, Loki in die Enge zu treiben, bis Thor ihn fangen kann. Die Asengötter bringen Loki in eine Höhle und holen seine Söhne Váli und Narvi dazu. Vali wird in einen Wolf verwandelt, der seinen Bruder Narvi zerreißt. Dann stellen die Götter drei gewaltige Felsplatten auf, durchbohren sie und ziehen die Gedärme, die sie Lokis Leib entnommen haben, durch die Löcher in den Steinen. Sofort verwandeln sich die Gedärme in mächtige Ketten. Skádi befestigt eine Giftschlange direkt über Loki, die ihr Gift auf ihn tropfen läßt. Lokis sanfte Frau Sigyn hält jedoch eine Schüssel unter das tropfende Gift, aber immer, wenn sie die volle Schüssel entleert, fällt das Gift auf Loki, der sich davon so aufbäumt, daß die Erde bebt und die Menschen vor Angst zittern.

Das Ende Lokis kommt bei den Ragnarök, und dann müssen die Götter ihre Grausamkeit gegenüber Loki mit ihrem Leben bezahlen.

RECHTS *Darstellung von Odins wildem Ritt (Buchillustration aus dem 19. Jh.). Odin reitet hier sein achtbeiniges Pferd Sleipnir.*

ODIN

Odin, der Hauptgott der eddischen Mythologie, ist wohl die vielschichtigste Gestalt der germanischen Mythologie. Er begegnet uns als

UNTEN *Figuren aus Walroßzähnen aus einem Wikinger-Schachspiel (1135-1150) von der Isle of Lewis (Schottland).*

Göttervater, Dichtergott, Kriegsgott, Totengott, Gott der Magie und der Runen, und der Ekstase. Seine Beinamen sind so zahlreich wie für sonst keinen Gott. Es sind über 170 überliefert, die Odin entweder als Decknamen verwendet (zum Beispiel Hárbardr, Hnikarr, Grimnir), die als dichterische Umschreibung für den Gott geprägt wurden (zum Beispiel Alvadir, Fimbultyrm, Fjölsvidr), oder die schon sehr früh von einzelnen germanischen Stämmen für ihn verwendet wurden (zum Beispiel Gautr, Vidurr, Skilfingr, Jätmunr). Die Edda berichtet in folgenden Versen von Odin:

»Große Weisheit gehörte dazu, sie alle richtig zu erklären; aber kurz ist dazu zu sagen, daß ihm die meisten Namen deswegen gegeben wurden, weil alle, die die verschiedenen Sprachen auf der Welt sprechen, ihn in ihre eigene Sprache übersetzen wollten, um ihn anzusprechen und anzubeten. Aber einige seiner Namen haben ihren Anlaß in Ereignissen, die sich auf seinen Reisen zugetragen haben, die in Geschichten behandelt werden; und du kannst nicht als Gelehrter bezeichnet werden, wenn du nichts von diesen großen Ereignissen weißt.«

Der Name Odin (altnordisch Odinn, angelsächsich Woden, altfränkisch Wodan, althochdeutsch Wutan, Wuotan) hängt wortgeschichtlich mit dem altnordischen »ódr« (Wut, besessen) zusammen, was auf die dichterische und kultische Besessenheit hinweist, die ein Merkmal Odins und seines Kultes war.

Odin und seine Brüder Vé und Vili gehören zu den ersten Göttern. Sie sind Söhne des Burr und der Riesin Bestla. Odin heiratet Frigg und zeugt mit ihr Balder, mit seiner zweiten Frau Jord den gewaltigen Thor, mit seiner dritten Frau Rindr den Sohn Vali. Die Edda berichtet weiter über den Hauptgott Odin: »Odin ist der höchste und älteste der Götter; er regiert alles, und so mächtig die anderen Götter auch sind, sie dienen ihm alle wie Kinder ihrem Vater.«

Odin wohnt in Hlidskjalf in As-

LINKS *Darstellung von Odin und einigen liebreizenden Walküren, die einen gefallenen Krieger auf Walhall empfangen (Buchillustration aus dem 19. Jh.).*

LINKS *Schädel einer Frau, die bei einem Wikingerschiffbegräbnis in Ballyteare (Isle of Man) geopfert wurde (9. Jh.).*

gard, von wo aus er die neun Welten überblicken kann: Darum wird er auch als allwissend angesehen. Seine Attribute sind der Speer Gungnir, seine Einäugigkeit, sein Schlapphut und sein Mantel, und sein Ring Draupnir. Sein Allwissen bezieht Odin auch von Mímirs Haupt oder durch das Trinken aus Mímirs Quelle, wofür er sein Auge als Pfand geben mußte.

In der altnordischen Literatur taucht Odin viel seltener als Thor als Held in den mythischen Abenteuern auf. Einmal stellt er sich dem Riesen Vafthrúdnir zu einem Wissenswettstreit und siegt; ein anderes Mal wird er von König Geirrod zur Offenbarung mythischen Wissens gezwungen, wobei er eine große Zahl von Odinsnamen preisgibt; ein anderes Mal verführt er beim legendären Raub des Skaldenmets die Riesentochter Gunnlöd, um sich das kostbare Met zu verschaffen.

Um Kenntnis von den Runen zu bekommen, hängt Odin sich einmal neun Nächte an einen windigen Baum: Mit der durch das Selbstopfer errungenen Kenntnis der Runen gelangt Odin auch in den Besitz der Dichtkunst:

»Ich weiß, ich hing am windigen Baum genau neun Nächte, vom Speer verwundet und Odin geweiht, ich selbst mir selbst am Baum, von dem niemand weiß, aus welcher Wurzel er wuchs... Ohne Speis und Trank neigte ich mich nieder, nahm stöhnend die Runen auf und stürzte dann herab.«

Nach anderen Quellen jedoch raubt Odin den aus dem Blut Kvasirs gebrauten Skaldenmet Odrærir vom Riesen Suttungr und seiner Tochter Funnlöd, indem er ihn trinkt und in Adlergestalt zum Nutzen der Götter und Menschen nach Asgard bringt.

In vielen Legenden und Mythen wird Odin auch als Schirmherr der Krieger und Gott in der Schlacht Gefallener dargestellt. Die tapfersten Krieger versammelt er um sich in Walhall, um mit ihnen zu den Ragnarök im Kampf gegen die dunklen Mächte zu bestehen. Personennamen auf »Odin« sind in den skandinavischen Ländern nicht sehr zahlreich.

SIF

Nicht viel wissen wir von der Asengöttin Sif, die Frau des mächtigen Thors und Mutter des Gottes Ullr, den sie mit in die Ehe bringt. Sie wird in mehreren Quellen als Fruchtbarkeitsgöttin geschildert.

Der einzige Mythos, der von Sif überliefert ist, handelt von ihrem Haar, das der hinterhältige Loki ihr einmal aus Bosheit abgeschnitten hatte. Als Thor das bemerkt, muß sich Loki zu den Zwergen begeben und sie dazu bringen, für Sif aus Gold Haar zu machen, das wie richtiges Haar wächst.

Loki kommt zu Brokkr und Sindri, den Söhnen des Zwerges Ivalds, die nicht nur Sifs Goldhaar, sondern auch den Odinsspeer Gungnir, das Schiff Skidbladnir, den Ring Draupnir und den Thorshammer Mjöllnir schmieden. Dafür muß Loki nicht einmal etwas bezahlen.

Als Loki sich mit dem goldenen Haar der Sif auf den Weg nach Asgard macht, denkt er, wenn es so einfach ist, die Zwerge hereinzulegen, dann kann ich es auch bei den anderen Zwergen versuchen.

Also zeigt er seine drei kostbaren Stücke den anderen Zwergen und wettet mit ihnen um seinen Kopf, daß sie kein besseres Stück zustande bringen würden als die, welche er ihnen gezeigt hatte.

Als die Zwerge ohne zu zögern die Wette annehmen, dämmert es dem schlauen Loki, daß er diesmal vielleicht zu weit gegangen ist. Die beiden Zwerge arbeiten ohne Unterlaß und halten nicht inne, selbst als eine Fliege (Loki?) sich ihnen nähert und sie sticht.

Trotz des großen Schmerzes setzen die Zwerge ihre Arbeit fort. Loki war trotz der Furcht, den Wettkampf verlieren zu müssen, von der Arbeit der Zwerge so angetan, daß er überzeugt war, mit diesen kunstvollen Werken

bei den Asen in Gnade wieder aufgenommen zu werden.

Zufrieden machten sich Loki und die beiden Zwerge auf nach Asgard. Auf einmal hatte auch Loki keine Angst mehr, die Wette zu verlieren. Die Zwerge zeigten den Asen selbstbewußt die kunstvoll geschmiedeten Stücke, worüber die Götter ebenso erstaunt wie erfreut waren.

Sifs »künstliches« goldenes Haar schien allen noch schöner als ihr richtiges Haar. Kaum hatten die Götter die Geschenke in Empfang genommen, machte sich Loki unverzüglich aus dem Staub.

Die erbosten und betrogenen Zwerge baten den Gott Thor, den üblen Lügner zurückzubringen, auf daß die Wette erfüllt werde. Der mächtige Thor mußte sich - sicher nicht ohne Freude - ihren Argumenten beugen. Er ergriff den fliehenden Loki und stellte ihn vor allen auf, und alle warteten nun auf die Hinrichtung des gemeinen Lügners.

Aber wie immer war auch jetzt Loki schneller und pfiffiger als alle anderen. Sein Haupt, so gab er treuherzig zu, gehöre wohl den Zwergen, aber nicht sein Nacken. Wenn die Zwerge aber einen Weg finden würden, ihn zu enthaupten, ohne seinen Nacken zu verletzen, würde er der letzte sein, der sie von ihrem berechtigten Vorhaben abbringen würde.

Die Asen und die Zwerge mußten wieder einmal erkennen, daß der gerissene Loki zu schlau für sie war. Aber die Zwerge hatten eigentlich nur die Absicht gehabt, den ständigen Lügen des Loki ein Ende zu bereiten.

Also erklärten die Zwerge, daß sie auch damit zufrieden wären, dem Loki die Lippen zuzunähen, damit keine Lügen mehr über seine Lippen kämen. Und so nähten sie mit der magischen Nadel der Zwerge seine Lippen so fest zu, daß Loki vor Schmerz fürchterlich aufheulte und halb tot vor Schmerz aus dem Saal lief.

Die Asen freuten sich über die gerechte Strafe. Was vielleicht unklug war, denn in der Folgezeit wurde Loki immer verlogener und gefährlicher.

LINKS *Arabische Münzen aus einem schwedischen Wikingergrab aus dem 10. Jh. Die Münzen beweisen, daß die Wikinger auch mit weit entfernt wohnenden Völkern Handel trieben.*

Die Asin Sif, deren Name eigentlich »Verwandte, die angeheiratet wurde« bedeutet, kommt nur in Snorris Beschreibung der Listen des verschlagenen Lokis vor. Sifs einziger überlieferter Mythos ist der des Raubes ihres »goldenen Haares«, der zahlreiche europäische romantische Dichter inspirieren sollte.

In der deutschen romantischen Literatur haben Dichter wie Ludwig Uhland (»Der Mythus von Thór«) Sifs »güldenes« Haar als das poetische Bild eines wogenden Getreidefelds interpretiert gegen diese Deutung erhoben die Gebrüder Grimm entschieden Einspruch.

Obwohl Sif in den jüngeren Eddaliedern häufig erwähnt wird, kommt ihr in der altskandinavischen Literatur keine eindeutige mythologische Funktion zu. Erst später übernimmt Sif die populäre Rolle einer Fruchtbarkeits- und Vegetationsgöttin, ohne aber einen eigenen Kult zu besitzen.

UNTEN *Zu Zeiten der Götterdämmerung (Ragnarök) wird Thor mit der Weltschlange Jörmundgand kämpfen, Odin mit dem Fenriswolf und Freyr mit Surtr. Die Gestalt rechts ist wahrscheinlich Tyr. Im Hintergrund ist die Brücke Bifröst zu sehen.*

THOR

Thor ist der germanische Donnergott, stärkster Gott aus dem Geschlecht der Asen und Bekämpfer der Riesen. Er ist ein Sohn Odins und der göttlich personifizierten Erde. Damit ist er auch der Bruder Balders. Er ist weiter auch der Vater der Söhne Modi und Magni und der Tochter Thrúdr. Verheiratet ist er mit der Göttin Sif und ist Stiefvater ihres Sohnes Ullr.

RECHTS *Auch heute noch ist der Name des Gottes Thor ein häufiger und beliebter Name auf Island. Das Foto zeigt Torshavn (Thorshafen) auf den Færœern.*

Thor fährt in einem von den Böcken Tanngrísnir und Tannghjóstr gezogenen Wagen und besitzt den gewaltigen Wurfhammer Mjöllnir, der mächtig donnert und auf der Stelle tötet. Zur Zeit der Ragnarök wird Thor die Midgardschlange töten, aber selbst im siegreichen Kampf zugrunde gehen. Der ihm geweihte Baum war die Eiche.

Auf seinen Reisen ins Reich der Riesen wird er meistens von Loki begleitet, seine Diener sind die Bauernkinder Thjálfi und Röskva, die ihm als Buße für die Verletzung von einem seiner Böcke zugefallen sind. Seine Attribute sind sein Hammer Mjöllnir, sein Kraftgürtel, ein Eisenhandschuh und der vom Riesen Gridr erhaltene Stab Gridarvölr - ihnen verdankt er seine Kraft und Unbesiegbarkeit.

Als mächtiger Gott ist Thor der Verteidiger der Götter und der Menschen gegen die bedrohlichen Mächte Utgards, besonders aber der Riesen und der Midgardschlange. Fast alle Mythen schildern seine unglaubliche Kraft, und fast immer ist sein Hammer Mjöllnir Voraussetzung für den Sieg. Thor wohnt in Thrúdheimr oder Thrúdvangr. Seine Halle heißt Bilskírnir.

Von den vielen Legenden um Thor wollen wir hier nur einige erzählen: die Geschichte von Thor und Hrungnir, Thors Fischzug, Thors Böcke und Thors Fahrt nach Geirrödargard.

Einmal reitet Odin auf seinem Pferd Sleipnir nach Jötunheim, ins Reich der Riesen, wo er auf den Riesen Hrungnir trifft. Der Riese erkundigt sich nach seinem Namen und bewundert das achtbeinige Pferd, worauf Odin wettet, daß es in Jötunheim kein ebenbürtiges gäbe. Hrungnir nimmt die Wette an und prahlt nun mit seinem Pferd Gullfaxi. Er reitet nun hinter Odin her, und obwohl er ihn nicht einholen kann, kommt sein Pferd doch erst in Asgard zum Stehen. Die Götter laden ihn freundlich zum Essen und zum Trinken ein, und im Rausch prahlt Hrungnir, daß er so stark sei, um Walhall nach Jötunheim zu tragen, Asgard ins Meer zu versenken und die Götter zu töten - außer Freyja und Sif, die er entführen würde.

Als die Götter seine Beleidigungen und Aufschneidereien nicht mehr hören können, lassen sie Thor rufen, der Hrungnir mit einem Zweikampf droht. Aber da Hrungnir unbewaffnet ist, einigen sie sich auf einen Zweikampf bei Grjótúnargardar. Als Thor mit seinem Diener Thjálfi zum Kampfplatz kommt, finden sie Hrungnir mit seinem steinernen Herzen und einem künstlichen Riesen aus Lehm mit dem Herz einer Stute namens Mökkurkalfi als Gegner vor. Als Thor den Hammer Mjöllnir nach dem Riesen schleudert, wirft Hrungnir seine Waffe, einen Wetzstein, zurück, der aber an Mjöllnir zerbricht. Aber einige Splitter dringen Thor in den Schädel, und er fällt zu Boden. Aus diesem Fall sollen die Steinbrüche entstanden sein.

Mjöllnir aber zerschmettert das Haupt des prahlerischen Hrungnir und Thjálfi tötet Mökkurkalfi. Aber als Hrungnir zu Boden stürzt, fällt er auch über Thor, der sich nicht unter dem Gewicht des Riesen bewegen kann, bis ihn sein dreijähriger Sohn Magni befreit. Thor wendet sich an die Seherin Gróa, die ihn von den Splittern des Wetzsteins befreien soll. Weil Thor ihr aber immer wieder die Geschichte ihres Mannes Aurvandill erzählt, vergißt sie darüber ihre Zauberlieder, und so kam es, daß die Wetzsteine noch immer in seinem Kopf stecken. Der Volksglaube erzählt, daß man Wetzsteine auf keinen Fall werfen sollte, denn dann bewegt sich der Stein in Thors Kopf.

Von Thors Ziegenböcken handelt eine weitere Geschichte. Auf ihrer Fahrt nach Utgardaloki übernachten Thor und Loki bei einem Bauern. Da sie Hunger haben, nimmt Thor seine Böcke, schlachtet sie, zieht ihnen das Fell ab und wirft sie in einen Kessel. Dann laden sie die Bauern ein, mit ihnen zu essen. Der Bauer hatte zwei Kinder: den mutigen Sohn Thjálfi und die sanfte Tochter Röskva. Thor breitet die Bockshäute vor dem Feuer aus und befiehlt den Bauern, die Knochen auf die Häute zu werfen. Thjálfi nimmt den Knochen des Oberschenkels, spaltet ihn, um so besser ans Mark zu kommen.

Thor und Loki bleiben die Nacht über bei den Bauern. Vor Morgenanbruch steht Thor auf, zieht sich an, hebt den Hammer Mjöllnir auf und segnet die Bockshäute. Da erheben sich die Böcke als sei nichts geschehen, aber einer lahmt am Hinterbein. Wütend über den Ungehorsam der Bauern sagt Thor zum Bauern, daß er oder einer aus seiner Familie eine Dummheit mit den Bocksbeinen gemacht habe. Denn einer habe dem Bock einen Knochen gebrochen. Erst als der Bauer seinen Sohn Thjálfi und seine Tochter Röskva als Buße anbietet, ist der jähzornige Thor besänftigt. Seitdem begleiten die beiden Kinder den Gott Thor auf seinen Reisen als Diener.

Thors Fischzug berichtet von dem Versuch, die Midgardschlange mit einer Angel und einem riesigen Köder zu angeln.

Einmal verläßt Thor Midgard allein und in der Gestalt eines jungen Mannes. Die Nacht verbringt er bei dem Riesen Hymir, den er trotz dessen Widerstrebens zum morgendlichen Fischzug begleitet. Aber Hymir fordert ihn auf, sich selbst einen Köder zu besorgen. Thor reißt einem von Hymirs mächtigen Stieren den Kopf ab und nimmt ihn mit in sein Boot. Dann befestigt er den Ochsenkopf an der Angel und rudert sehr weit aufs Meer hinaus, viel weiter, als dem Riesen recht ist. Die Midgardschlange beißt sofort an, aber so stark auch Thor an der Angelschnur zieht, seine Füße brechen durch die Planken des Bootes. Durch sie kann er das gewaltige Untier, das so groß ist, daß es sich einmal um die Erde ringeln kann, am Meeresgrund sehen. Langsam zieht er die Midgardschlange vom Grund des Meeres nach oben. Der Riese Hymir bekommt es mit der Angst zu tun und kappt die Leine, als Thor gerade mit dem Hammer Mjöllnir zum tödlichen Schlag ansetzt. Augenblicklich versinkt das Untier wieder in der Tiefe. Wütend über die verlorene Anglerbeute schlägt Thor den Riesen mit der

LINKS *Kleine Bronzestatue aus Island mit der Darstellung Thors und seines Hammers Mjöllnir (um 1000).*

Faust über Bord und watet zornig an Land.

Eine andere Sage berichtet von Thors Reise zu Geirrod in Jötunheim.

Einmal hatte der Riese Geirrod (altnordisch »Speerschutz«) den hinterhältigen Loki gefangengenommen und in eine Kiste gesperrt. Er versprach, ihn nur unter der Bedingung freizulassen, daß er Thor ohne Hammer, Eisenhandschuh und Kraftgürtel nach Geirröderarfard bringen würde.

Um Loki zu befreien, machte sich Thor auf die Reise zum Wohnort des Riesen Geirrod. Thor kehrt auf der langen Reise einmal bei der gewaltigen Riesin Grídr ein, die ihm, nachdem er mit ihr geschlafen hatte, ihren Kraftgürtel, Eisenhandschuh und den Zauberstab Gridarvölr mitgibt. Thor kommt am nächsten Morgen an den Fluß Vimur, der bei der Überquerung immer weiter anschwillt. Als Thor begreift, daß die Überschwemmung von der Riesentochter Gjálp herrührt, die flußaufwärts über dem Fluß steht und ihr Wasser abläßt, nimmt Thor einen Stein auf und wirft nach der Riesin, um den Fluß vor weiterem Hochwasser zu bewahren. Er überquert schließlich den Fluß mit Hilfe seines Zauberstabs Gridarvölr und gelangt endlich nach Geirröderarfard.

Dort wird er freundlich aufgenommen. Als er sich auf einen Stuhl niederlassen will, heben ihn die Riesentöchter Gjálp und Greip in die Höhe, denn sie wollen den Gott an der Decke erdrücken.

Thor aber schützt sich mit dem Zauberstab, in dem er ihn gegen die Decke drückt, wodurch er den Riesinnen den Rücken bricht.

Thor wird dann vom Riesen Geirrod zu einem sportlichen Wettkampf herausgefordert, wobei der Riese von einem rotglühenden Eisenstück, das zuerst der Riese auf Thor geschleudert hatte, durchbohrt und getötet wird. Der Wurf war so stark, daß das Eisenstück erst die Säule, dann den Riesen und die Wand durchschlägt, bevor es im Boden steckenbleibt.

Eine andere Legende erzählt von dem Riesen Skrymir (altnordisch »Prahler«). Wieder einmal reisen Loki und Thor zusammen. Sie sind auf dem Weg nach Jötunheim zum Reich der Riesen und in Begleitung der Bauernkinder und Diener Thjálfi und Röskva.

Als Nachtquartier haben sie nur eine riesige Halle gefunden mit einem mächtigen Eingang. Nachdem sie gegen Mitternacht durch ein gewaltiges Erdbeben geweckt werden, nähern sie

LINKS *So sah der englische Maler den gewaltigen Gott Thor (Buchillustration zu Richard Wagners »Das Rheingold«). Wagner erzählte in seinen Opern (er schrieb auch die Libretti) die germanischen Götter- und Heldensagen auf seine Art und nannte den Gott Thor »Donner«.*

sich der Mitte der Halle und gelangen in einen Nebenraum, in dem sie bis zum Morgen unbehelligt schlafen.

Am nächsten Morgen machen sie die Bekanntschaft des Riesen Skrymir, der ihnen mitteilt, daß sie in seiner Faust übernachtet hätten und daß ihr Nebenraum sein Daumen gewesen sei. Der Riese bietet ihnen seine Begleitung an und trägt alle ihre Vorräte auf seinem Rücken. Als am Abend Thor Hunger verspürt und an seine Vorräte möchte, muß er feststellen, daß sie zu fest verknotet sind. Da nimmt er zornig seinen Hammer Mjöllnir und will den Riesen erschlagen. Von dem Schlag getroffen, wacht der Riese auf, meint aber, nur ein Blatt sei ihm auf die Stirn gefallen. Thor versucht es noch einige Male, aber immer ohne Erfolg.

Am nächsten Morgen verabschiedet sich der Riese und zieht gen Norden, während Thor und seine Gefährten sich nach Osten zu Utgardaloki aufmachen. Kaum sind sie bei diesem mächtigen Volk der Riesen angekommen, werden sie auch schon zum Kampf herausgefordert. So zum Beispiel Loki vom Riesen Logi zum Wettessen (das er verliert),Thjálfi hingegen wird vom Riesen Hugi im Wettlauf geschlagen. Nicht einmal Thor gelingt es, weder das riesige Trinkhorn Utgardalokis in drei Zügen zu leeren, noch die Katze vom Boden aufzuheben und den Ringkampf gegen die alte Amme Elli zu gewinnen.

Erst am nächsten Morgen klärt der Riese Utgardaloki den erstaunten Thor und die anderen darüber auf, daß sie nur durch magische Kräfte besiegt wurden und er, Utgardaloki, kein anderer sei als der Riese Skrymir selbst. Ungläubig erfährt der düpierte Thor den Grund seiner Niederlagen:

Der Rucksack war mit Eisendraht verschnürt; die Hammerschläge trafen nicht Skrymirs Haupt, sondern drei Hügel, in denen sie tiefe Täler hinterlassen haben; Loki wurde beim Wettessen durch Logi, dem alles verschlingenden Wildfeuer, besiegt; Thjálfi mußte im Wettkamf gegen den Gedanken (hugi) verlieren, und das Trinkhorn reichte bis zum Meer, wodurch durch Thors gewaltige Schlucke Ebbe und Flut entstanden.

Die Katze war nichts anderes als die Midgardschlange, und die Amme Elli niemand anderes als das personifizierte Alter.

Als sich der mehrfach besiegte und düpierte Thor nun an Utgardaloki rächen will, ist dieser, seine Leute und seine Zauberburg auf einmal wie vom Erdboden verschwunden.

Die Thrymskvida (altnordisch »Lied von Thrymr«) heißt in der Edda die Geschichte von der »Heimholung des Hammers«, in welchem der Diebstahl des Hammers Mjöllnir durch den Riesen Thrymr und Thors Bemühungen, den Hammer wiederzuerlangen, geschildert werden.

Eines Morgens erwacht Thor und

RECHTS *Der Thorhammer Mjöllnir als Silberschmuck (Schweden), der in einem Wikingergrab auf Öland gefunden wurde (10./11. Jh.).*

vermißt seinen Hammer. Zornig suchte er überall, aber weder vom Hammer noch vom gemeinen Dieb fand sich die geringste Spur. Da ging Thor zu Loki und bat ihn, für Thor den Hammer zu suchen. Er fordert von Freyja ihr Federgewand, mit dem er Loki nach Riesenheim schickt. Dort angekommen, erfährt Loki von dem Riesen Thrymr, daß er den Hammer mit eigenen Händen acht Meilen unter der Erde vergraben habe. Er sei aber bereit, ihn herauszugeben, wenn man ihm Freyja zur Frau verspreche.

Was diese aber empört ablehnt. Loki kehrt nach Asgard zurück und berichtet den Göttern spöttisch von der

RECHTS *Silberamulett aus Dänemark (10. Jh.) in der Form des Thorhammers Mjöllnir.*

drohenden Gefahr, entweder den Hammer oder Freyja zu verlieren. Der weise Gott Heimdall schlägt nun vor, daß Thor sich als Frau verkleiden solle und Loki ihn als seine Dienerin begleiten solle. Als nach mehren Verwicklungen der düpierte Riese endlich den Hammer aus der Tiefe der Erde holen läßt und ihn zwischen die Schenkel seiner »Frau« legt, zum Zeichen kommenden Glücks, wird er von Thor mit dem Hammer erschlagen.

Diese Legende war besonders im Spätmittelalter überaus populär, und in Island entstanden um 1400 balladenartige Reimbearbeitungen unter dem Namen Thrymlur. In Norwegen, Schweden, Dänemark und auf den Færœern sind zahlreiche schwankhafte Volkslieder überliefert.

Besonders populär ist das Gedicht »Thórsdrápa« (Preislied auf Thor) des Skalden Eilifír Godrúnarson aus dem Ende des 10. Jh. Das kunstvolle Lied schildert die durch Loki verursachte Reise Thors nach Geirrodagard, die Durchquerung des Flusses Vimur, die Tötung von Geirrods Töchtern Gjálp und Greip, und schließlich den Kampf mit dem Riesen Geirrod, in dem der Riese unterliegt und getötet wird.

Die Beliebtheit des Donnergottes Thor in der altskandinavischen Literatur und bei den skandinavischen Völkern, hier besonders bei den Wikingern, zeigt sich nicht zuletzt auch in den zahllosen auf Thor gebildeten Orts- und Personennamen.

In den Felsritzungen von Stora Hoglem und Hvitlycke wird besonders Thors Hammer Mjöllnir betont: sicher eine Anspielung auf die phallische Kraft des Gottes. Bis ins Mittelalter war der Thorshammer Symbol der Fruchtbarkeit und der männlichen Kraft.

LINKS *Stein aus Lärbro (Schweden), jetzt im Nationalmuseum für Altertümer in Stockholm. Gut zu erkennen ist Odins Pferd Sleipnir, das einen gefallenen Krieger nach Walhall bringt.*

VALI

LINKS *Seite aus einer isländischen Bibel aus dem 14. Jh. Viele der Wikingermythen wurden mit zunehmender Christianisierung Skandinaviens im christlichen Geiste umgeschrieben.*

Váli, der Gott des Ewigen Lichts, ist auch der Rächer Balders in der Mythologie der Edda. Váli (nicht zu verwechseln mit dem gleichnamigen Sohn Lokis) ist ein Sohn Odins und der Rindr. Er war erst eine Nacht alt, als er den Asengott Hödr, den Mörder seines Bruders Balder, mit einem Mistelzweig tötete und so seinen Bruder rächte.

Seine Mutter, die Prinzessin Rindr, gilt in der germanischen Mythologie sowohl als eine Erdgöttin als auch als eine Sterbliche, die später durch Odin wegen des gemeinsamen Sohnes Váli in den Rang einer Göttin gehoben wurde.

Die schöne und tugendhafte Rindr, das einzige Kind des Königs Billingr, wurde einmal von Odin heftig begehrt, denn dem Gott war nämlich nach Balders Tod von einem finnischen Wahrsager in dunklen Worten prophezeit worden, daß nur Rindr, die Tochter des ruthenischen Königs Billingr, in der Lage wäre, ihm einen Sohn zu gebären, der seinen Sohn Balder einmal rächen würde.

Der listige Odin nähert sich der zurückhaltenden und tugendhaften Rindr in vier verschiedenen Verkleidungen: zuerst als Feldherr, dann als Goldschmied namens Rosterus (er fertigte die schönsten Schmuckbroschen, Armreifen und Ringe, die den König, seine Tochter und den ganzen Hof in Erstaunen und Entzücken versetzten), dann als mächtiger Kriegsheld (so steht er dem König Billingr bei, der von seinen Feinden fast besiegt wurde, darüber verspricht der dankbare König seine Tochter dem tapferen Odin, aber Rindr weist jeden Annäherungsversuch ab) und schließlich in Frauenkleidern als heilkundiges Weib Vecha, wodurch es ihm gelingt, die spröde Königstochter mit einer unheilbaren Krankheit zu schlagen, um dann die betrogene, von Wahnsinn und Krankheit gezeichnete Rindr zu vergewaltigen.

Aus dieser frevelhaften Verbindung entspringt ein Sohn Váli, der Rächer Balders.

LINKS *Detail aus der Manuskriptseite links.*

Aber der betrügerische Odin, der wegen seines schändlichen Verhaltens von allen getadelt wird, muß sich für einige Zeit aus Asgard entfernen.

Der Odinssohn Váli, der in den Mythen als ein guter Gott geschildert wird, kann als einer der wenigen Götter Ragnarök überleben.

Der Göttername Váli findet sich vermutlich auch in dem norwegischen Ortsnamen Valaskioll, der in den Mythen auch als eine der Götterwohnungen genannt wird.

Walhall

Walhall (altnordisch Valhöll »Halle der Gefallenen«) heißt der Wohnort Odins in Asgard, wo er die im Kampf gefallenen Krieger um sich schart. Die Einherier - die toten Krieger - stiegen jeden Morgen in ihre Rüstungen und zogen auf das Schlachtfeld, wo sie immer aufs neue die Schlachten schlugen, in denen sie gefallen waren, und immer aufs neue ihre alten Wunden erhielten. Abends kehrten sie nach Walhall zurück, wo sie ihre Wunden verloren und von den Göttern reichlich mit Nahrung und Met versorgt wurden. Dieses Leben im Kämpferparadies muß den Germanen so gut gefallen haben, daß sich die Wikinger, denen es nicht vergönnt war, im Kampf zu fallen, sich freiwillig in ihre Speere stürzten, um nach Walhall zu kommen. Zu den Ragnarök aber werden die Einherier auf Seiten der Götter gegen den Fenriswolf und die anderen Feinde der Menschen und der Götter zum Kampf antreten.

UNTEN *Stele aus Lillbjärs (Schweden) aus dem 8. Jh., mit der Darstellung einer Walküre, die auf Walhall einem gefallenen Krieger ein Horn mit Met reicht.*

Die Götter beköstigten die tapferen Krieger auf Walhall mit Met, der aus den vier Eutern der Ziege Heidrun fließt und ihnen von den Walküren kredenzt wird. Die Einherier essen täglich vom Fleisch des sich ständig erneuernden Ebers Sæhrímnir, das für alle ausreicht und vom Koch Andhrímnir im Kessel Eldhrímnir zubereitet wird.

Bedient wurden sie immer von den Walküren (altnordisch »valkyria« Totenwählerinnen), überirdischen weiblichen Wesen, schön und jung, die den Kriegern zu jeder Zeit gefällig waren, ohne aber ihre Jungfräulichkeit zu verlieren.

UNTEN *Auf einer Zeichnung des französischen Malers Gaston Bussière wird romantisch stilisiert eine Walküre gezeigt. In den ursprünglichen Legenden werden die Walküren als schöne und selbstbewußte Frauen geschildert, die den gefallenen Kriegern alle Wünsche erfüllen, auf dem Schlachtfeld aber äußerst grausam sind.*

RECHTS
Romantisierende Darstellung von Walküren in einer Buchillustration des 19. Jh.: Der gefallene Krieger unten scheint die Aufmerksamkeit einer Walküre erweckt zu haben.

RECHTS *Figuren, die in einem schwedischen Wikingergrab gefunden wurden. Die Figur rechts zeigt eine Walküre, die einem toten Krieger ein Horn mit Met reicht. Die linke Figur stellt einen Reiter da, der auf dem Weg nach Walhall ist (11. Jh.).*

Die Walküren, die uns durch die Opern Richard Wagners so vertraut geworden sind, waren ursprünglich Totendämonen, denen die auf dem Schlachtfeld gefallenen Krieger zufielen.

Als Dienerinnen auf Walhall heißen sie auch »Odins Mädchen« (Odins meyar) oder »Wunschmädchen« (óskmeyjar). Die Zahl der Walküren wird entweder mit neun (heilige Zahl der Germanen) oder dreizehn angegeben, dürfte aber unbegrenzt gewesen sein: Hrist, Göll, Geirölul, Skögull, Hildr, Thrúdr, Hlökk, Herfjötur, Mist, Skeggjöld, Randgrídr, Reginleifrdr und Radgridr heißen die bekanntesten von ihnen. Anderen Walküren wie Sigrun, Kara und Brynhildr begegnen wir nur in der Heldendichtung, wo sie immer einem bestimmten Helden und seinem Mythos zugeordnet sind. Ihre »sprechenden« Namen, zum Beispiel »mist« (Nebel) oder »thrudr« (Kraft), weisen auf die kriegerischen Funktionen der Walküren hin.

Die Walküren verkörpern in den germanischen Legenden und Mythen das Eingreifen übernatürlicher Mächte in den Kampf der Sterblichen. Aber erst in der germanischen Heldendichtung entsteht das vermenschlichte Bild von der Schildmaid - einer irdischen Kriegerin, die wie die Einherier im Walhall weiterleben. Auf Bildern besonders der deutschen, englischen und französischen Romantik (und in den Opern Richard Wagners natürlich) werden die Walküren als riesige, blonde, männlich-herbe Frauen dargestellt, fast immer mit einem Brustpanzer aus Metall geschmückt, der nur schwer ihre mächtigen Brüste bändigt.

In anderen Quellen werden sie auch als grausame und sadistische Kriegerinnen dargestellt, die den Toten das Blut aussaugen und aus ihren Eingeweiden Teppiche weben. Häufig sind sie es auch, die darüber entscheiden, wer von den verwundeten Kriegern auf dem Schlachtfeld getötet werden soll und auf welche (grausame) Art und Weise.

VIER

Geschichten von Walküren

LINKS *Darstellung von Brünhilde und Gunnar in einer Buchillustration des 19. Jh.*

BRÜNHILDE

Brünhilde (altnordisch Brynhildr), die Heldin der Nibelungensage, wird in den nordischen Quellen als Walküre bezeichnet, was zweifellos mit ihrem kriegerischen Aussehen zusammenhängt.

Nachdem der Held Sigurd Fafnirs Gold gestohlen hatte, kam er mit seinem Pferd zu einem Wohnort, der hoch auf einem Berg thronte. Auf seinem höchsten Gipfel lag eine wunderschöne schlafende Frau, in voller Rüstung bekleidet und von mächtigen, goldschimmernden Rundschilden umstellt. Da ergriff Sigurd sein Schwert, trennte mit einem Schlag die Rüstung auf, so daß die Frau aus ihrem langen Schlaf erwachte. Sie erzählte ihm, daß sie eine Walküre sei und Brünhilde hieße.

Die Edda berichtet, daß Sigurd seinen Weg fortsetzte und endlich zu einem Palast kam, in dem der König Giuki mit seinen Töchtern wohnte. Eine dieser Töchter war Gudrun. Giukis Frau Kriemhild hatte den Entschluß gefaßt, ihre Tochter Gudrun mit Sigurd zu vermählen, und es gelang ihr, mit magischen Kräften, alle Erinnerungen an sein früheres Betragen auszulöschen.

Sigurd heiratete Gudrun und wurde so der Blutsbruder ihrer Brüder Gunnar und Högni. Sigurd und die zwei königlichen Söhne fragten später den Hunnenkönig, ob er einverstanden sei, seine Schwester Brünhilde dem Gunnar zur Frau zu geben. Diese Schwester lebte in einem Wohnort namens Hindarfiall, den ein breiter Gürtel aus Flammen schützte. Und es war jedermann bekannt, daß sie nur denjenigen heiraten würde, der bereit sei, durch diesen Flammenvorhang zu reiten.

Gunnar war bereit, aber sein Pferd verweigerte den Gehorsam. Da hatte Sigurd eine Idee: Er würde sich als Gunnar verkleiden und mit seinem Pferd Grani die Hand der Walküre Brünhilde für Gunnar erobern, was ihm auch ohne große Schwierigkeiten gelang.

Das schöne junge Mädchen schaute ihren Helden an und verliebte sich sofort in ihn. Sigurd, der ein rechtschaffener Mann war, teilte zwar mit ihr das Bett, ohne aber mit ihr zu schlafen, worüber Brünhilde sehr verwundert und wohl auch verwirrt war. Am nächsten Morgen gab Sigurd ihr als Zeichen seiner Liebe ein Hochzeitsgeschenk - einen Ring, den Loki aus dem Goldschatz des Zwerges Andvari genommen hatte. Hätte Sigurd gewußt, daß dieser Ring verwunschen war, hätte er ihr wohl ein anderes Geschenk gemacht. Dann ritt Sigurd heim, wechselte mit Gunnar die Gestalt. So wurde Gunnar später der geliebte Gatte der Brünhilde.

Zwischen Gudrun und Brünhilde

RECHTS *Darstellung vom Tod Gunnars. König Gunnar wurde vom Hunnenkönig zum Tode verurteilt und in eine Schlangengrube geworfen. Mit seinen gefesselten Händen versucht Gunnar durch Harfenspiel die giftigen Schlangen zu betören. Was ihm auch gelingt - bis auf eine, die ihm den tödlichen Biß gibt. Diese Schlange ist niemand anderes als Atlis Mutter, die sich in eine Schlange verwandelt hatte.*

gab es gewisse Spannungen, denn beide waren in denselben Mann verliebt. Als sie einmal am Fluß wuschen, brüsteten sie sich mit den Kräften ihrer Ehemänner. Brünhilde erzählte stolz von Gunnars Ritt durch den Flammenvorhang, und da erzählte ihr Gudrun, daß es Sigurd gewesen wäre, der diese Mutprobe bestanden hätte.

Darüber war Brünhilde alles andere als erfreut, und sie beschloß, sich an Sigurd zu rächen. Sie versuchte, Gunnar und Högni zu überzeugen, Sigurd zu töten, aber diese weigerten sich und verwiesen auf ihren Bruder Guttorm. Dieser tötete nun Sigurd und dessen Sohn, verlor aber im Kampf sein Leben. Als Gudrun der Brünhilde ihren Kummer berichtete, wurde sie von Brünhilde ausgelacht und verspottet. Später änderte Brünhilde ihre Meinung: Sie tötete sich selbst, um mit Sigurd auf dem Scheiterhaufen verbrannt zu werden.

Von dieser Legende gibt es viele Fassungen. Eine berichtet, daß sich Sigurd und Brünhilde nicht so unschuldig verhalten hätten. Als Sigurd nach Hindarfiall gekommen war, teilte er wohl ihr Lager, aber nicht ganz so unschuldig, denn neun Monate später wurde ihnen eine Tochter namens Auslag geboren. Das Kind war noch sehr jung, als seine Eltern starben. So kam es zu seinem Großvater Giuki, aber als eine Revolution das Königshaus hinwegfegte, mußte König Giuki als Minnesänger durch die Lande ziehen. Seine Enkelin hatte er in der Harfe versteckt. Schließlich wurde der König von Bauern ermordet, weil sie dachten, der König hätte Gold in der Harfe versteckt. Sie waren enttäuscht und überrascht, statt dessen ein junges Mädchen zu entdecken.

Eines Tages kam der Wikinger Ragnar Lodbrog in die Gegend, sah das hübsche Mädchen und verliebte sich auf der Stelle in sie. So wurde sie zur Königin von Dänemark.

Aber die Legende um Brünhilde läßt sich noch anders deuten. Ursprünglich war Brünhilde eine Sterbliche. Als Sigurd starb, war ihm bestimmt, nach Walhalla gebracht zu

RECHTS *Darstellung Gunnars in der Schlangengrube auf einem christlichen Wikingerkreuz aus dem 10. Jh. (Andreas, Isle of Man).*

RECHTS *Darstellung von Odin und Brünhilde in einer Illustration zu F. L. Spencers »Legenden der Rheintöchter« (1915).*

werden. Ihre Liebe zu ihm war so groß, daß sie ihm unbedingt dorthin folgen wollte um eine Walküre zu werden. Da eine Sterbliche keinen Zugang zum Wohnsitz der Götter und zur Totenhalle der Helden hatte, tötete sich Brünhilde selbst und wurde neben ihrem Gatten auf dem Scheiterhaufen verbrannt. Eine andere Legende berichtet, daß sie Tochter eines Königs war und von Odin aus der Welt der Sterblichen in die der Helden gebracht wurde, um die Anführerin der Walküren zu werden. So wurde sie in der Tat auch Odins Tochter. Es ist nicht auszuschließen, daß diese Legenden und Mythen von zwei verschiedenen Brünhilden erzählen, einer Sterblichen und einer Walküre. Die Variante in Richard Wagners Oper »Der Ring des Nibelungen« ist eine neuere Fassung, die nichts mit den altnordischen Legenden zu tun hat.

GUDRUN

Wie bei Brünhilde, so sind auch die Legenden um Gudrun zahlreich und verwirrend. Auch hier kann es sich um zwei verschiedene Frauengestalten handeln, einer Sterblichen und einer Walküre. Die sterbliche Gudrun war die Frau des Sigurd, der zwar große magische Kräfte nachgesagt wurden, aber wie in fast allen nordischen Sagen kamen die Frauen im allgemeinen nicht sehr gut weg. Wie Brünhilde begann auch Gudrun als Sterbliche, um dann später in eine Walküre verwandelt zu werden.

Helgi, der Sohn des Sigmund und der Borghild, war ein tapferer Krieger. Einmal befand sich Gudrun auf dem Schlachtfeld, wo Helgi und Sinfiotli mit den Hundlingen kämpften. Sie verliebte sich auf der Stelle in den jungen tapferen Krieger. Sie stieg auf die Erde herab, warf sich ihm zu Füßen und bot sich ihm an. Helgi dankte ihr freundlich, aber als Krieger hatte er im Augenblick anderes zu tun. Sie verlobten sich, aber mit der Heirat würde es noch etwas dauern. In der Schlacht war nur noch ein Hundling am Leben - ein junger Mann namens Dag, dem die Freiheit unter der Bedingung geschenkt wurde, daß er den Streit nicht länger fortführen würde. Dag schwor alle Eide, aber dann erschlug er doch den Helgi.

Gudruns Kummer war riesengroß. Darum verfolgte sie den Dag, wo immer sie konnte. Helgi kam nach Walhall, wohin ihm Gudrun folgte. Dort wurde Helgi zum Anführer der Einherier, sie eine Walküre, und Gudrun tat alles, um nur recht viele gefallene Krieger in die Totenhalle zu bringen, um seine Armee zu verstärken.

UNTEN *Vergoldete Wikingerbrosche aus einem Wikingergrab in Schweden (9.-11. Jh.).*

Das Ende der Legende von der »sterblichen« Gudrun ist weniger erbaulich. Während Brünhilde ihrer Liebe so dramatisch durch ihren Selbstmord Ausdruck verlieh, war Gudrun nicht bereit, es ihr darin nachzutun. Sie und ihre Tochter Swanhild begaben sich an den Hof eines Königs namens Elf, dessen Frau Thora sich schnell mit Gudrun anfreundete. Diese Freundschaft dauerte aber nicht lan-

RECHTS *Darstellung der Walküre Brünhilde aus der romantischen Sicht des Malers Arthur Rackham. Die Totendämoninnen und späteren freundlichen Gastgeber auf Walhall standen bei den skandinavischen Völkern wohl kaum in jener großen Achtung, wie die romantischen Autoren des 19. Jh. behaupteten.*

GANZ RECHTS *Detail eines Kreuzes aus Michael, Isle of Man, aus dem frühen 11. Jh. Die Steintafel ist als »Joalfs Steintafel« bekannt. Die Wikinger zeigen ihn mit Speer und Schild.*

RECHTS *Detail eines Steinkreuzes aus Middleton, England, aus dem 10. Jh. Der Stein zeigt einen altnordischen Krieger, der begraben werden soll. Das Kreuz verweist auf das Christentum, das Begräbnis auf das Heidentum.*

ge, denn Atli, der Hunnenkönig, wollte den Tod Gunnars rächen. Da der König keinen Krieg wollte, schlug er ihm vor, seine Schwester Gudrun zu heiraten. Diese fand ganz gegen den Willen Gudruns statt, denn Gudrun haßte den Hunnenkönig. In gebotener Zeit tötete sie die Söhne, die er in die Ehe mitgebracht hatte und bot ihm Teile ihrer Körper bei einem Festmahl an: Ihre Schädel dienten als Trinkbecher, ihr Blut wurde dem Wein beigemischt und ihre Herzen kamen als gebratenes Fleisch auf den Tisch. Dann enthüllte Gudrun dem ahnungslosen König Atli die schreckliche Wahrheit, vorher aber hatte sie den Palast in Brand gesteckt und kam mit ihm und seinen Leuten in den Flammen um.

Swanhild, Gudruns Tochter, nahm ebenfalls ein wenig erbauliches Ende. Der König Ermenrich hielt um ihre Hand an und schickte deshalb seinen Sohn Randwer aus, sie an seinen Hof zu holen. Als sie Ermenrichs Palast erreichten, behauptete ein verlogener und verräterischer Diener namens Sibich, daß Randwer die Swanhild verführt hätte. So wurde Randwer auf Befehl seines Vaters unverzüglich aufgehängt und Swanhild von Pferden totgetrampelt.

FÜNF

Geschichten von Helden

LINKS *Geschichten eines hölzernen Portals von der Hylestad-Kirche in Norwegen (12./13. Jh.). Gut zu erkennen ist der Zwerg Regin, der Sigurds Schwert neu schmiedet, das dieser von seinem Vater erhalten hatte.*

FRITHJOF

Frithjof war der Sohn des Thorsten und der Ingeborg. Als Kind wurde er einem Ziehvater namens Hilding anvertraut (ein bei den Wikingern nicht unbekanntes Vorgehen). Hilding wurde später Ziehvater eines Mädchens, das auch Ingeborg hieß, die Tochter von König Belé, eines guten Freundes von Thorsten. Die beiden Kinder wuchsen gemeinsam auf und verliebten sich ineinander. Hilding war aber gegen eine Heirat der beiden Kinder, denn Ingeborg war die Tochter eines Königs und Frithjof nur der Sohn eines Helden, worüber dieser sehr unglücklich war und über eine Lösung nachdachte.

Belés Erben waren seine Söhne Halfdan und Helgé, die beide nicht besonders beliebt waren. Frithjof aber wurde von allen geschätzt, auch König Belé fand Gefallen an dem Sohn seines Freundes Thorsten. Nachdem Halfdan und Helgé den Thron ihres Vaters bestiegen hatten, faßte Frithjof den Entschluß, sich von allen öffentlichen Aufgaben zurückzuziehen, obwohl er Ingeborg nicht vergessen konnte.

Es geschah nun in einem Frühling, daß Halfdan und Helgé ihm eines Tages einen Besuch abstatteten und ihre Schwester Ingeborg mitbrachten. Sofort entbrannten die Herzen der beiden von neuem leidenschaftlich füreinander, und als das königliche Paar abgereist war, faßte sich Frithjof ein Herz, folgte ihnen und bat sie um die Hand ihrer Schwester.

König Helgé aber gab ihm zu verstehen, daß er nicht gut genug sei, seine Schwester zur Frau zu nehmen, denn sein Vater sei ein einfacher Mann gewesen, ein Bauer nämlich. Aber wenn er es unbedingt wolle, könnte er einer seiner Bürgen werden. Wütend über diese Antwort ergriff Frithjof sein Schwert und spaltete mit einem Streich Helgés Schild. Dann ging er heim, traurig und wütend zugleich.

Ingeborg war ein wunderschönes junges Mädchen, und die Kunde von ihrer Schönheit verbreitete sich in die fernsten Gegenden, so daß immer häufiger prinzliche Abgesandte an den Hof kamen und um ihre Hand anhielten.

Einer von ihnen war der König Sigurd Ring, ein nicht mehr junger Witwer. Natürlich hatte Ingeborg kein Recht, über die Wahl ihres Gatten zu bestimmen. Halfdan fragte sich, ob dieser alte König Sigurd Ring in seinem hohen Alter noch in der Lage wäre, seine junge Frau zu befriedigen. Darüber wurde der König so wütend, daß er öffentlich ankündigte, Helgé und Halfdan für ihre freche Antwort mit einem Krieg zu bestrafen. Die Antwort der beiden Könige war alles andere als heldenhaft. Sie schickten Hilding aus, um Frithjof mit der Führung des Heeres zu betrauen. Frithjof antwortete ihnen kühl, aber bestimmt, daß er kein Interesse hätte, sich in dieser Angelegenheit für sie zu verwenden. So beschlossen die beiden feigen Könige, die Hand ihrer Schwester Ingeborg dem König Sigurd Ring zu geben.

Frithjof aber war überzeugt, daß dies nicht das Ende der Geschichte sein könnte. Er fand heraus, daß Ingeborg in einem Tempel betete, der Balder gewidmet war, und ging ebenfalls dorthin. Obwohl es verboten war, an diesem geweihten Ort zu sprechen, unterhielten sich die beiden Verliebten und trafen sich dort an den darauffolgenden Tagen. Als die Brüder Ingeborgs von einer Reise zurückkehrten, fragten sie Frithjof, ob er an diesem geweihten Ort mit ihrer Schwester gesprochen hätte. Nach langem Zögern gab Frithjof dies zu.

Daraufhin wurde er verbannt, und Ingeborg beschloß, mit ihm in die Verbannung zu gehen.

Helgé war mit der Verbannung nicht einverstanden, und er setzte alles daran, Frithjof zu töten. Der König rief einige Hexen zu sich und befahl ihnen, Stürme über das Meer zu schicken, so daß das Schiff von Frithjof kentern würde. Die Hexen strengten sich gewaltig an, aber Frithjof

RECHTS *Sigmund und Signy in einer Buchillustration des 19. Jh.*

überzeugte die Naturgewalten, sein Leben und das seiner Mannschaft zu verschonen. Im Sturm erreichten sie heil die Orkneyinseln. Die Bevölkerung war zuerst nicht sehr glücklich über ihren Besuch, aber als es Frithjof gelang, ihren Unterdrücker Atlé zu besiegen, schloß er Freundschaft mit ihrem tapferen König Angantyr.

Nach einigen Monaten kehrte Frithjof nach Hause zurück und machte die furchtbare Entdeckung, daß seine Halle von Helgé in Brand gesetzt worden war und bis auf den Grund niedergebrannt war. Von Hilding erfuhr er, daß Sigurd Ring seine Ingeborg in der Zwischenzeit geheiratet hatte. Wütend und traurig zugleich machte sich Frithjof auf nach Griechenland, wo er die nächsten Jahre verbrachte. Schließlich kehrte er als Bettler verkleidet an den Hof von Sigurd Ring zurück, wo er einen Höfling tötete. Sigurd Ring verurteilte ihn nicht dieses Verbrechens wegen, sondern bat ihn, seine Verkleidung abzulegen. Als dies Frithjof tat, sah er in die vor Schreck weit aufgerissenen Augen der Prinzessin Ingeborg. Dann mußte der Held zur Freude von Sigurd Ring viel trinken. Die beiden Männer wurden gute Freunde, und für die nächste Zeit hatte Frithjof seine Ingeborg fast vergessen.

Sigurd Ring starb kurze Zeit später, und jetzt endlich waren die beiden frei, zu heiraten. Helgé starb durch einen selbstverschuldeten Unfall. Halfdan schloß einen heiligen Frieden mit Frithjof und die beiden blieben Freunde bis an das Ende ihres Lebens.

LINKS *Nachbildung eines Wikingerhelmes, der in Middleton Cross, England, gefunden wurde.*

SIGMUND

Sigmund war der Zwillingsbruder der schönen Signy. Die beiden waren die letzten Kinder des Volsung, und Sigmund war auch der einzige, dem klar wurde, daß Signy keine Absicht hatte, Siggeir, den König der Goten, zu heiraten. Odin verfolgte eine ähnliche Absicht und erschien auch zur Hochzeit, wo er ein Schwert in das Herz des Branstock, das ist eine große Eiche, die in der Halle des Volsung wuchs, bohrte. Wem es gelingen sollte, dieses Schwert herauszuziehen, sagte Odin, der würde einmal ein großer Held werden.

Siggeir versuchte nun mit großer Kraft, das Schwert aus dem Baum zu ziehen, aber ohne Erfolg. Auch Volsung hatte nicht mehr Glück. Sigmunds neun Brüder versuchten sich ebenfalls erfolglos. Schließlich gelang es Sigmund, das Schwert herauszuziehen.

König Siggeir bot nun an, das Schwert zu kaufen, was Sigmund aber ablehnte. So beschloß der wütende König, Sigmund zu töten, ihn, alle seine Brüder und sogar die schöne Signy. Als Siggeir schlief, erzählte Signy dem Volsung, daß ihr Mann kein guter Mensch sei, aber Volsung wollte ihr nicht glauben. Etwas später schickte Volsung eine Flotte zu Siggeirs Königreich. Er und alle seine Krieger wurden getötet. Allein Sigmund kam mit dem Leben davon, obwohl er auf sein magisches Schwert verzichten mußte. Er und seine Brüder wurden dann zum Tode verurteilt. Signy war über diese grausame Strafe sehr betrübt und bat den König und Gemahl, ihnen das Leben zu schenken. Ihr Urteil wurde geändert, und sie wurden in einen Wald geführt und an Bäume gebunden, um von den wilden Tieren gefressen zu werden. Signy aber wurde in den Palast gesperrt. Alle Brüder starben, nur Sigmund blieb am Leben, denn Signy hatte den guten Einfall gehabt, ihm Honig ins Gesicht zu streichen, so daß die wilden Tiere sich damit begnügen würden, ihm den Honig vom Gesicht zu lecken.

Signy war sehr glücklich, daß Sigmund am Leben geblieben war. Er aber verdingte sich bei einem Schmied im Wald.

Damit ist die Geschichte aber noch nicht zu Ende. Die Kinder, die Signy König Siggeir geboren hatte, erschienen ihr allzu schwach, so daß sie ihre Kinder zu Sigmund in die Schmiede schickte, der sie durch körperliche Arbeit kräftigen sollte. Bei ihm mußten sie zuerst etwas Brot kneten, aber er bemerkte nicht, daß sich eine Viper im Mehl versteckt hatte. Der erste Sohn bemerkte die Viper nicht und wurde von Sigmund getötet. Der zweite Sohn erlitt dasselbe Schicksal. Die unglückliche Signy war darüber sehr verzweifelt, und da sie einen kräftigen Sohn haben wollte, verwandelte sie sich mit Hilfe einer Hexe in deren Gestalt und schlief mit ihrem Bruder. Neun Monate später wurde ihr Sohn Sinfjolti geboren. Dieser schien mehr Kraft zu haben als seine Stiefbrüder, denn als er bei Sigmund ebenfalls Brot backen mußte, schob er den Teig mitsamt der Viper in den Backofen.

Sigmund und Sinfjolti wurde rasch Gefährten, und gemeinsam zogen sie durch die Länder des Nordens, um Leute zu töten. In einem ihrer Abenteuer wurden sie zu Werwölfen. Sie entdeckten zwei schlafende Männer und hinter ihnen zwei Wolfsfelle. Vater und Sohn zogen sie sich neugierig über, weil sie wissen wollten, wie die Häute ihnen stehen würden. Auf der Stelle wurden sie zu Werwölfen, liefen durch den Wald und fraßen jeden, der ihnen entgegentrat. Die beiden wurden darüber so aufgeregt, daß sie miteinander kämpften, wobei Sigmund seinen Sohn tötete. Als der betrübte Sigmund zwei Wiesel beobachtete, die sich auch im Kampf getötet hatten, aber zum Leben erweckt wurden, als ein drittes Wiesel ein besonderes Blatt den toten Wieseln auf die Brust legte. Sigmund folgte dem Beispiel der Wiesel und erweckte seinen Sohn Sinfjolti zum Leben. Sie wußten jetzt, daß sie ein törichtes Spiel getrieben hatten und nahmen ihre menschliche Gestalt wieder an.

Vater und Sohn waren jetzt entschlossen, sich an König Siggeir zu rächen. Sie machten sich auf zu seinem Palast, wo sie bald von Signys jüngsten Kindern entdeckt wurden. Ihre Mutter bat Sigmund, den Kindern den Hals durchzuschneiden; als sich Sigmund weigerte, tötete die Mutter ihre Kinder.

Sigmund und Sinfjolti wurden gefangen und von Siggeir zum Tode verurteilt. Sie sollten bei lebendigem Leibe begraben werden. Signy näherte sich traurig der Richtstätte und warf Sinfjolti einen Gegenstand zu, den dieser zuerst für einen Laib Brot hielt, dann aber als Sigmunds magisches Schwert erkannte. Und mit Hilfe dieses Schwertes konnten sich die beiden aus ihrem Grab befreien.

Die beiden Helden setzten den Palast in Brand. Niemand, außer den Frauen und Kindern, konnte entkommen. Nur Signy blieb im Palast, weil sie es vorzog, bei lebendigem Leibe zu verbrennen, als Sühne für ihre furchtbaren Verbrechen.

Sigmund heiratete erst die Prinzessin Borghild, später die Prinzessin Hiordis. Leider hatte sich der König Lygni in den Kopf gesetzt, diese Prinzessin zur Frau zu nehmen. Als Sigmund die Prinzessin heiratete, rückte Lygni mit einer Armee an. Im folgenen Kampf gelang es ihm zwar, Hunderte von Kriegern zu töten, er selbst aber fiel in der mörderischen Schlacht.

SIGURD

Hiordis war schwanger, als ihr Gatte Sigmund im Krieg mit dem König Lygni getötet wurde. Sie hatte aber Glück, denn ein freundlicher Wikinger namens Elf bat sie, seine Frau zu werden, und versprach, das Kind wie sein eigenes zu hüten und zu erziehen. Als das Kind geboren wurde, gab ihm Elf den Namen Sigurd (in der germanischen Heldensage heißt es Siegfried).

Sigurds Erziehung wurde dem weisen Mann Regin anvertraut, der dem Knaben eine Menge beibrachte - Musik, Runenschnitzerei, Verhandlungsgeschick, die Schmiedekunst und viele andere Künste mehr. Als Sigurd zum Mann herangewachsen war, durfte er aus dem Stall seines Stiefvaters sich das schönste Pferd aussuchen. Bei dieser Auswahl half ihm Odin, der ihm riet, alle Pferde in den Fluß zu treiben, um zu sehen, welches am besten mit der Strömung fertig würde. So machte es Sigurd, und er wählte sich das Pferd Greyfell, das von Odins Pferd Sleipnir abstammte.

Eines Tages erzählte ihm sein Lehrer Regin von dem Schatz des Andvari, der jetzt von dem Drachen Fafnir bewacht wurde und fragte ihn, ob er bereit sei, mit Fafnir zu kämpfen, das Gold zu nehmen und so das Verbrechen zu rächen. Sigurd willigte freudig ein, und so ging Regin daran, ihm ein unbesiegbares Schwert schmieden zu lassen. Seine ersten Versuche zeigten keinen Erfolg, denn schon bei dem ersten Schlag sprang das Schwert entzwei. Dann erinnerte sich Sigurd an das Schwert seines Vaters, dessen Reste immer noch von Hiordis gehütet wurden. Aus den Bruchstücken wurde eine mächtige Klinge geschmiedet. Dann segelten Regin und Sigurd in das Land der Volsungen. Auf ihrem Wege nahmen sie den Gott Odin mit, obwohl sie nicht wußten, wer der Fremde war, dem sie ihre Reisegesellschaft angeboten hatten.

Jetzt tötete Sigurd den Mörder sei-

RECHTS *Während Sigurds Lehrer schläft, röstet sein Schüler das Herz des Drachen Fafnir, Bruder des schmiedenden Zwerges (Holzportal von der Hylestad-Kirche in Norwegen aus dem 12./13. Jh.).*

LINKS *Detail vom Holzportal der Hylestad-Kirche in Norwegen. Zu erkennen ist deutlich der Zwerg Regin, der für Sigurd das Schwert seines Vaters neu schmiedet.*

RECHTS *Wikinger-Kreuz von Andreas, Isle of Man. Oben ist gut Sigurd zu erkennen, der Fafnirs Herz röstet.*

UNTEN RECHTS *Der »Wasserfall der Götter« auf Island. Die Legende berichtet, daß Thorsten, der um 1000 zum Christentum bekehrt wurde, seine heidnischen Idole über diesen Wasserfall warf.*

nes Vaters, den König Lygni, und machte sich mit Regin auf, den Drachen Fafnir zu töten. Wieder kam ihm Odin zu Hilfe, der ihm verriet, daß der Drachen jeden Tag denselben Weg nehmen würde, um seinen Durst an einem Bach zu stillen. Sigurd mußte nur auf ihn warten und ihn dann töten. Was ihm auch gelang. Regin forderte nun Sigurd auf, das Herz des Drachen herauszureißen, es zu rösten und zu verspeisen. Während Sigurd noch das Herz röstete, berührte er es mit seinen Fingern, um zu sehen, ob es schon durchgebraten war. Als er dann seine Finger an die Lippen führte, stellte er erstaunt fest, daß er die Sprache der Vögel verstand und mit ihnen reden konnte.

Diese Vögel sprachen davon, daß Regin den Plan gefaßt hatte, Sigurd zu töten, und daß es besser sei, daß Sigurd den weisen Ratgeber jetzt töten würde und selbst das Herz essen sollte und das Blut trinken, als den Schatz zu verlangen. So tat es Sigurd. Er weckte dann Brünhilde aus ihrem ewigen Schlaf, verliebte sich in sie und wurde ihr Verlobter. Leider verliebte er sich dann später in Gudrun, die Tochter des Nibelungenkönigs, und vergaß seine Verlobung mit Brünhilde. Sigurd hatte noch etwas von Fafnirs Herz behalten und gab es Gudrun bei seiner Hochzeit zu essen. Gunnar war entschlossen, Brünhilde zu heiraten, mit was für einem Erfolg, haben wir ja im Kapitel 4 erfahren. Guttorm, der dritte Sohn des Königs der Nibelungen, hatte den Auftrag, Sigurd zu töten.

Er selbst verlor dabei sein Leben.

THORSTEN

Thorsten war einer der neun Söhne des Viking und einer der zwei Überlebenden aus dem großen Kampf mit den Söhnen seines besten Freundes Njorfe. Der Krieg zwischen den beiden Kindern Vikings und Njorfes begann mit einem Wettspiel, bei dem ein Sohn des Viking von einem Sohn des Njorfes geschlagen wurde, so daß der andere ihn tötete.

Thorsten wurde ein Seeräuber. Auf seinen Reisen begegnete er einem der zwei überlebenden Söhne des Njorfe, Jokul, der gerade den König von Sogny getötet hatte, dessen Sohn Belé vom Hof verbannt hatte und die Prinzessin Ingeborg in ein häßliches altes Weib verwandelt hatte. Jokul verfügte über magische Kräfte und wollte Thorsten töten, was ihm aber mißlang, denn diesem kam eine alte Vettel zu Hilfe, der er die Heirat versprach, sollte sie ihm beistehen. Der Held verhalf Belé zu seinem rechtmäßigen Thron und war glücklich, daß die alte Vettel niemand anders war als die schöne junge Prinzessin Ingeborg.

Thorsten, Belé und ein weiterer Held mit Namen Angantyr hatten zusammen noch viele Abenteuer zu bestehen. Sie erbeuteten ein Schiff namens Ellida, das einst der Gott Ägir dem Viking geschenkt hatte. Damit eroberten sie die Orkneyinseln, deren König Angantyr wurde, der seinem Freund Belé versprach, ihm einen jährlichen Tribut zu entrichten. Dann nahmen Thorsten und Belé einem Piraten (Soté) einen magischen Armreif ab, den Völund geschmiedet hatte.

VIKING

Viking war der Enkel des norwegischen Königs Haloge, der angeblich kein anderer gewesen sein soll als der hinterhältige Gott Loki.

Viking wurde auf der Ostseeinsel Bornholm geboren. Schon mit fünfzehn Jahren war er so groß und so kräftig, daß die Kunde von seiner Stärke auch nach Schweden kam und dort besonders zur Prinzessin Hunvor. Zu dieser Zeit stellte der Prinzessin ein lüsterner Riese nach, der sie über alles begehrte. Da machte sich Viking unverzüglich auf den Weg nach Schweden, vorher aber bat er seinen Vater um das magische Schwert Angurvadel. In Schweden kämpfte er dann mit dem Riesen und besiegte ihn. Es war abgemacht, daß er eines Tages die schöne Prinzessin Hunvor heiraten würde; da er aber noch zu jung war, segelte er für einige Jahre in der Nord-

RECHTS *Auf einer fränkischen Schatulle, die heute im Britischen Museum in London zu sehen ist, sind germanische und heidnische Elemente auf seltsame Art miteinander verknüpft.*

see und freundete sich mit einem Mann an, der Halfdan hieß. In gebotener Zeit kehrte Viking zurück, heiratete Hunvor, und sein Freund Halfdan nahm ihre Magd Ingeborg zur Frau.

In den nächsten Jahren führten Viking und Halfdan Krieg, überfielen fremde Länder und hatten ein großes Vergnügen daran, Menschen zu töten; besonders gerne aber raubten und vergewaltigten sie Frauen, ohne daß sie aber ihren eigenen Frauen untreu wurden. Und im Laufe der Jahre befreundeten sie sich mit einem König an, der Njorfe hieß.

Dann starb Hunvor. Viking brachte seinen Sohn Ring zu einem Stiefvater und heiratete ein zweites Mal. Er und seine neue Frau hatten neun Söhne; Njorfe und seine Frau hatten ebenfalls neun Söhne. Obwohl Viking und Njorfe die Eide ewiger Freundschaft geschworen hatten, waren die Beziehungen der Söhne der einen Familie zu denen der anderen widersprüch-

lich. Einmal spielten die Söhne miteinander, als ein Sohn Njorfes ein häßliches Foul beging, so daß er dafür von einem Sohn des Viking getötet wurde. Darüber wurde Viking sehr zornig, und er verbannte seinen Sohn. Daraufhin erklärten die anderen Söhne, daß sie ihren Bruder ins Exil begleiten würden. Dem ältesten seiner Söhne, Thorsten, gab Viking sein Schwert Angurvadel.

Trotz dieser Verbannung waren die Söhne Njorfes nicht zufrieden, darum folgten sie Vikings Söhnen und lauerten ihnen auf. Es kam zu einer gewaltigen Schlacht, bei der nur zwei von Vikings Söhnen überlebten, nämlich Thorsten und Thorer, und zwei von Njorfes Söhnen, nämlich Jokul und ein anderer. Die beiden Brüderpaare schworen sich ewigen Haß, so daß Viking seine beiden Söhne an den Hof von Halfdan schickte. Thorsten wurde später in manche Kämpfe verwickelt, bei denen er Jokul, den Sohn des Njorfe, tötete.

VÖLUND

Völund ist niemand anders als Wayland oder Wieland der Schmied. Seine Brüder sind Egil und Slagfinn.

Eines Tages begegneten die drei Brüder den drei Walküren Alvit, Olrun und Svanhvit, die gerade in einem Fluß ein Bad nahmen. Die drei Brüder raubten sie, indem sie ihnen das Schwanengewand stahlen, ohne das sie die Erde nicht verlassen konnten. Neun Jahre lang blieben die drei Walküren bei ihren Räubern. Erst als sie ihr Schwanengewand zurückerhielten, konnten sie nach Walhall zurückkehren. Darüber waren die drei Brüder sehr betrübt, und Egil und Slagfinn waren fest entschlossen, ihre Bräute zurückzuholen. Nur Völund, der wußte, daß dies vergeblich sein würde, zog es vor, zu Hause zu bleiben.

Alvit hatte ihm einen Ring gegeben, und sooft er konnte, schaute er ihn verliebt an. Als kunstfertiger Schmied fertigte er 700 andere Ringe an, die genauso aussahen wie der, den ihm Alvit geschenkt hatte. Die 701 Ringe legte er zu einem mächtigen Bund zusammen. Eines Tages stellte er fest, daß ihm ein Ring fehlte, und darüber war er sehr glücklich, denn er glaubte, daß Alvit zurückgekommen wäre, um ihren Ring zu holen und um wieder bei ihm zu leben.

In dieser Nacht aber wurde er überfallen und von dem schwedischen König Nidud gefangengenommen. Dieser hatte Alvits Ring gestohlen und seiner Tochter Bodvild geschenkt, und auch Völunds magisches Schwert. Der unglückliche Schmied wurde auf der Insel eingekerkert und gezwungen, angekettet Waffen und Rüstungen für den König zu schmieden. Während all dieser Zeit hatte Völund nur den einen Gedanken, sich am König zu rächen. So schmiedete er sich ein Paar Flügel, so wie er sie bei Alvit gesehen hatte, damit er zu ihr nach Walhall fliegen konnte.

Nidud hatte Völund einmal sein magisches Schwert zur Reparatur gebracht. Der Schmied aber versteckte das kostbare Schwert und schmiedete dem König ein anderes, das nur Völund von dem Seinen unterscheiden konnte. Kurze Zeit später lockte er Niduds Söhne in die Schmiede, tötete sie, machte aus ihren Schädeln Trinkbecher und nutzte ihre Augen und Zähne als Zierrat für den Becherschmuck. Dann gab er die Becher dem königlichen Paar als Geschenk. Dann raubte er ihre Tochter Bodvild, nahm ihr den Ring ab und flog zu Niduds Palast, wo er mit lauter Stimme die Verbrechen des Königs anklagte. Da befahl Nidud dem Egil, Völunds Bruder, der ihm jetzt als Sklave diente, seinen Bruder vom Himmel zu schießen. Völund gab Egil ein Zeichen und bedeutete ihm, auf das blutgetränkte Gewand zu zielen, das er den Söhnen des Nidud abgenommen hatte. So tat es Egil, und der König glaubte, daß sein königlicher Bogenschütze den Feind getötet hätte. Jetzt flog Völund zu seiner Alvit nach Walhalla und lebte dort mit ihr als Gatte und Schmied.

RECHTS *Figur aus einem Wikinger-Schachspiel, die auf der Isle of Lewis in Schottland gefunden wurde (1113-1150). Wenn man an die Wikinger denkt, fallen einem eher ungeschlachtete Krieger ein als Verehrer dieses raffinierten Spiels.*

SECHS

Ragnarök

In diesem Buch haben wir nur von dem berichtet, was sich ereignet hat, und nicht von dem, das erst noch geschehen muß. Aber auch die Mythen handeln von dem, was später sein wird, sie erzählen von einer Zeit, in der auch die Götter sterben werden. Diese Zeit heißt in der nordischen Eschatologie Ragnarök, das Endschicksal der Götter. Diese Zeit erzählt von der Apokalypse, dem schicksalhaften Kampf zwischen den guten und den schlechten Mächten. Aber im Gegensatz zur christlichen Apokalypse bedeutete Ragnarök auch die Wiedergeburt, einen neuen Götterhimmel und neues Leben auf der Erde. Der deutsche Ausdruck für Ragnarök ist Götterdämmerung.

LINKS *Plakette auf Wikingerhelmen (8. Jh.). Vielleicht die Darstellung Odins mit seinen beiden Wölfen. Vielleicht aber auch Darstellung des letzten Kampfes zu den Ragnarök zwischen Odin und dem Fenriswolf.*

LINKS *Detail des Gosforth Cross mit der Darstellung der Götterdämmerung (Ragnarök): Odin wird von einem geflügeltem Drachen angegriffen.*

Und was wird geschehen, wenn diese furchtbare Zeit eintreten wird? Eine mögliche Antwort gibt uns nicht die (falsche) volkstümliche Übersetzung des Wortes Ragnarök »Zwielicht der Götter«, sondern die etymologisch richtige: Endschicksal der Götter.

Die Ragnarök werden durch vier eschatologische Ereignisse gekennzeichnet: der Fimbulwinter; der Weltenbrand, mit dem Surtr die ganze Welt vernichtet; das Versinken der Erde in dem von der Midgardschlange aufgewühlten Ozean und schließlich die Verdunkelung der Sonne, die durch den Fenriswolf verschluckt wird. Dem schließen sich weitere Naturkatastrophen an: Die Erde bebt, Felsen stürzen ein wie Kartenhäuser, der Weltenbaum Yggdrasil zittert und die Brücke Bifröst stürzt mit lautem Getöse ein. Um die Götter zu warnen, bläst der treue und weise Heimdallr das Gjallarhorn.

Daraufhin zieht Gott Odin den Kopf Mimi zu Rate, und die Götter beginnen ihre langwierigen und schwierigen Beratungen, währenddessen von allen Seiten die dunklen Mächte der Unterwelt näherrücken. Das Schiff Naglfar wird startklar gemacht und kommt mit den Riesen, von Hrymr gesteuert. Surtr führt die Muspellssöhne an. Und auf dem Kampfplatz Vigridr (altnordisch »Platz, auf dem der Kampf wogt«) findet nun der furchtbare Endkampf der Götter statt, in dem die Götter mit Unterstützung der Einherier, das sind die im Kampfe gefallenen Krieger, die nach ihrem Tod in Walhall aufgenommen wurden, den Kampf gegen die Mächte der Finsternis aufnehmen. Odin kämpft mit dem Fenriswolf und unterliegt, wird aber von Vidarr, dem »weithin Rächenden«, gerächt. Thor tötet die Midgardschlange, die er früher einmal an der Angelschnur gehabt hatte, stirbt aber an ihrem Gift. Freyr hat es mit Surtr zu tun und unterliegt, da ihm sein Schwert fehlt. Tyr und der Höllenhund Garmr sowie Heimdallr und Loki töten einander. Schließlich entfacht Surtr, der

RECHTS *Darstellung der Seherin, die Odin prophezeit, daß Ragnarök unaufhaltsam sein wird. Der Stein aus dem 10. Jh. wurde in Jurby, Isle of Man, gefunden.*

»Schwarze«, der Feuerriese der altnordischen Mythologie, das alles verzehrende Weltfeuer.

Die Vernichtung der Welt ist aber keine endgültige. Gemäß einer zyklischen Weltvorstellung steigt aus der alten unreinen Welt eine neue, gereinigte Welt hervor. Die überlebenden Götter Vidarr und Váli, Módi und Magni treffen einander auf der Ebene Idavöllr, dem Ort des früheren Asgard. Von Hel kehren Balder und Hödr zurück. Und schließlich stirbt auch der Totendrache Nidhöggr.

Die germanische Vorstellung von der Endzeit erinnert in vielen Teilen an die Schilderung des himmlischen und des irdischen Jerusalem in der Johannesoffenbarung. Und auch altjüdische Elemente sind erkennbar: Nach den Ragnarök wird ein Gott herrschen, dessen Name zu groß ist, um ausgesprochen zu werden: YAHVE.

RECHTS *Drei Seiten des Gosforth-Kreuzes (10. Jh.) mit Darstellungen aus der Wikinger-Mythologie. Die vierte (östliche) Seite zeigt die Kreuzigung - was beweist, daß die Mythen schon früh vom Christentum beeinflußt wurden.*

Die Wahrheit hinter einigen Mythen

Bis vor wenigen Jahren war man der Meinung, daß die Mythen der Wikinger nichts anderes waren als eben - Mythen. Aber in letzter Zeit haben intensive Forschungen gezeigt, daß die Wikingermythen zum Teil auf wahren, historischen Ereignissen beruhen. Die Saga von Erik dem Roten erzählt, wie der gewaltige Krieger seine skandinavische Heimat verließ, um ein neues Land im Westen zu erobern, das er »Grünland« nannte, wo die Wikinger 985 n. Chr. eine Kolonie gründeten. Es war keine erfolgreiche Gründung, aber gut genug, um Eriks Sohn Leif Eriksson als Ausgangspunkt für eine noch gewaltigere Eroberung zu dienen. Leif Eriksson überquerte den Atlantik und gründete dort, wo er Festland unter die Füße bekam, die Kolonie Vinland. Heute wissen wir, daß er an der Ostküste der Vereinigten Staaten von Amerika gelandet war. Und noch etwas: Zahlreiche archäologische Zeugnisse dieser Siedlung wurden in den letzten Jahren gefunden und konnten eindeutig den Wikingern zugeordnet werden.

Die Wikinger segelten aber auch in südlicher Richtung, in das Mittelmeer, wo sie zusammen mit den keltischen Iren dem Römischen Imperium gefährlich wurden.

Dies und noch andere Beispiele zeigen, daß die Sagen der Wikinger mehr sind - als eben nur Sagen.

UNTEN *Das Foto zeigt Hjorleifshofdi an der Südküste Islands. Hier landeten die Wikinger zum ersten Mal auf der Insel.*

LINKS *Auf einer Landkarte aus dem 15. Jh. von Sigurdur Stefánsson ist gut zu sehen, daß die Karte wohl nach eigenen Kenntnissen und nicht auf Grund von Vermutungen gezeichnet wurde.*

OBEN LINKS
Rekonstruktion eines Wikinger-Bauernhofs in Stong, Island.

UNTEN LINKS
Innenansicht des Bauernhauses in Stong.

RECHTS *Teile einer modernen Skulptur in Bratahild mit Wikinger-Symbolen.*

RECHTS *Ruinen einer Wikingerkirche in Hvalsœ auf Grönland.*

RECHTS *Fotos von der Ostküste Neufundlands. Hier soll Leif Eriksson um 1000 seine kurzlebige Kolonie »Vinland« gegründet haben.*

RECHTS *Nur noch schwach zu erkennen sind die Reste der Wikingersiedlung von Thingvellir auf Island.*

BIBLIOGRAPHIE

Crossley-Holland, Kevin
The Norse Myths
London, Deutsch 1980

Davidson, HR Ellis
Gods and Myths of Northern Europe
Harmondsworth, Penguin, 1964

Davidson, HR Ellis
Scandinavian Mythology
London, Hamlyn, 1982

Esping, Mikael
The Vikings
London, Piccolo, 1982

Green, Roger Lancelyn
Myths of the Norsemen
London, Puffin, 1970

Guerber, HA
Myths of the Norsemen
London, Harrap, 1908

Hveberg, Harald
Of Gods and Giants
Oslo, Johan Grundt Tanum Forlag, 1961

Jones, Gwyn
Eirik the Red and Other Icelandic Sagas
London, Oxford University Press, 1961

Lurker, Manfred
Lexikon der Götter und Dämonen
Stuttgart, Alfred Kröner, 1989

Sawyer, PH
The Age of the Vikings
London, Edward Arnold, 1971

Simek, Rudolf
Lexikon der germanischen Mythologie
Stuttgart, Alfred Kröner, 1984

Snorri Sturluson
The Prose Edda
Cambridge, Bowes & Bowes, 1954

Register

Bildnachweis

Canada Tourist Board (© Andrew Dawson): Seite 122 unten.

CM Dixon, Canterbury: Seiten 6, 7, 8, 10, 11 oben, 12, 13, 17, 18, 19, 20, 21, 23, 25, 28, 29, 30/31, 32, 33, 34, 35, 37, 38, 39, 41, 44, 45, 46, 50, 53, 56, 57, 58, 59, 64, 65, 66, 68, 69, 70, 71, 72, 75, 76/77, 80, 83, 84, 85, 88, 91, 94, 95, 97, 99, 100/101, 106/107, 108, 110/111, 113, 114, 116, 117 und 118.

The Danish Tourist Board: Seiten 24 und 79 (Wedigo Ferchland).

Mary Evans Picture Library: Seiten 14, 15, 16, 22, 42, 45 Hintergrund, 47, 48, 51, 55, 60, 63, 73, 74, 78, 82, 89, 90, 96 und 98.

Iceland and Greenland Images: Seiten 26, 27, 36 (© IC Wilton), 86, 87, 109, 119, 121, 122 oben, 123 und 124.

Det Kongelige Bibliotek, København: Seiten 11 unten und 120.

The Mansell Collection: Seiten 92/93 und 103.

York Archaeological Trust: Seite 104.